民謡「秋田おばこ」考

小田島清朗

民謡「秋田おばこ」考●目次

［カバー絵／岡崎正治］

はじめに

秋田を代表する民謡に「秋田おばこ」という歌がある。

おばこ　なぼになる　この年暮らせば　十と七つ
十七　おばこなど　何して花こなど　咲かねとな

若い娘に歳を問いかけると、もうすぐ十七と答える。「十七なのに何故、花が咲かないのか」

秋田人であれば誰でも一度は聞いたことのある歌に違いない。これは秋田民謡として初めて全国に知られた歌であり、近代秋田民謡はこの歌から始まった。

もともとは仙北郡北部の各村々で素朴にうたわれていたものだが、大正の初め頃、佐藤貞子《さだこ》という在地の歌手が現在の節まわしに変え、それが大評判になり、県内では「仙北おばこ」と呼ばれ、やがて東京に進出すると「秋田おばこ」という曲名になる。貞子は「秋田おばこの女王」として全国にその名を轟かせていった。

秋田民謡の中でこの歌ほど論争の種になった歌もない。「おばこ」の語源は何か、この歌はどこで生まれたか、どういう経路で仙北にもたらされたのか。大正初期から幾度となく論争が起こり、それはいまだ決着がついたとは言えない。それほど謎めいた歌でもあるのだが、本書では、これらの論争も振り返りながら、この歌の歴史と謎を探ってみたい。

一　仙北の「おばこ節」の実相

仙北の「おばこ節」について、最初に文字で記録されたのは、明治年間に著わされた『羽陰温故誌』であろう。著者の近藤源八は、南秋田郡土崎町（現秋田市）に居住の商人というだけで詳しいことはわからない(1)。『羽陰温故誌』全三十二冊は大半が県内市町村の古記録の写しだが、第二十五冊目が「年中行事」、第二十六冊が「人情風俗」で、それらには彼自身の調査記録もあり、「おばこ節」は「人情風俗」に収められている。執筆時期は、『羽陰温故誌』は明治十六年から三十六年までの歳月を要したとあるので、終わり頃の明治三十年代ではないかと思われる。

以下、現代文にして大要を記す。

おばこ節　　おばこ節の詞とその調べは簡潔で古色を帯び、素朴でいささかの虚飾もない愛すべきものである。この歌はある一地方に限られているが数百年来、伝えられてきた。世の波が静かな山里に残れるを喜ぶものだ。仙北地方に現存する歌詞をいくつか紹介しよう。

おばこ何処さ行く。後ろの小山こさほなこ採るに。

ほなこ若いとて、こだしこ枕に沢なりに。

おばこは姉この義で、若い女を言う。ほなこは、春の初め山に生ずる草で、茎の若いものは食用に供することができる。こだしは、細縄で編んだカバンの形につくった採集箱である。里人が山へ行くとき多く携帯する。

春まだ浅き小山のほとり、小鳥の声を送る暖春、風に吹かれ、こだしこを枕として若草の中に眠れる少女の姿態、なんと艶やかではないか。

(以下 ①「おばこなぼに成る。此の年暮らせば十と七つ。十七おばこだの、何して花こなど咲かないとな。咲かば実もやなる。咲かないと紅葉の色ばかり」②「おばこ何処さ行く。刺巻の北鳥山さお参りするに。おまいり余所の事、真崎野の柴原で酒コ呑んで居た」③「おばこ此のじゅう見えない。寝てでも居たかと案じて居た。寝ても居ないども、親達厳しば籠の鳥」④「おばこ何処さ行く。太平べここさ炭こつけて。そこでべここの口説くには、おらえた業人あるものがへ。べここ然ゆてけな、通町もすこし、あべべここ」⑤「おばこ作た酒こ。濁酒の甘いので砂糖しんこ。なんぼ下戸だて、おばこさえ酌にでれば三杯のむ」⑥「おばこ居たかやと、水屋の窓からちょいと見たば。おばこ居なせぬ、隣の白髪婆糸こよて居た」の、六連の歌詞を紹介し解説）

おばこ節は、この種の社会の至情を歌えるものにして、真の真なるものである。ある時は稲穂を収め終わった豊作祝いに、あるいは耕作の余暇に、隣家相携えて山野に赴き、飲食の時、いささか酔いがまわれば、老夫婦から雇い男に至るまで老若男女が朱塗りの大盃を前にして、手拍子で肩を揺すりながら声を揃えておばこ節をうたう。声洋々として迫らず。感極まれば、少女が踊り出す、編み笠の老爺も踊り出す、杖を持つ者、蓆《むしろ》を着る者、こだしこを腰に下げる者、皆自ら歌い自ら踊る。おばこ節には決まった踊りがない故、思い思いに手をあげ足を動かす。おばこ節は彼らの花にして、彼らの生命である。

筆者の感興が生き生きと伝わってくる内容である。

なお、同著に芸能の記事は多くない。「年中行事」に盆踊りと仙北地方のささら獅子、「人情風俗」に番楽があるくらいで、番楽は二行の記述で終わっている。

＊

「おばこ節」は仙北地方北部の村々で最も愛されていた歌だった。上記のように、老若男女が集まると、みな手拍子で唱和した。

その歌は、佐藤貞子が歌っていた「秋田おばこ」の旋律ではなく、「庄内おばこ」によく似た素朴で音域の狭い、誰でもすぐ口ずさめる単純な旋律であった。だからこそ、人々は決まりの歌詞をうたうだけでなく、次々に詞をつくっては歌った。

白岩村では、

おばこ何処さ行く　白岩の瀬戸こ山さ　瀬戸こ買うに
瀬戸こかづけ草　下のや花園さ　行きたさに

「おばこ何処へ行く」「白岩の瀬戸山へ瀬戸物を買いに」――白岩焼の窯へ瀬戸物を買いに行くと答えたが、瀬戸物買いにことよせて、実は白岩村の下の花園村へ行きたかったのだ。

こうしていくつも地名や、土地の固有名詞が歌いこまれていく。

おばこ何処さ行く　刺巻《さしまき》の発鳥山《ほっちょうざん》さ　お詣りするに
お詣りかづけ草　真崎野のしだ原で　酒こ飲んでた

刺巻は現在、水芭蕉の群生で有名な地だが、ここにある発鳥山今木神社はかつて牛馬の神として信仰を集めていた。おばこはその神社へお詣りに行くと言ったがそれは口実で、神代村の真崎野の野原で酒を飲んでいた。

おばこ連れるたば　田沢の湯元まで連れたとな
縁でないと見《め》て、互いの涙こで泣き別れ

おばこと一緒になろうと、田沢の湯（温泉）まで連れ立って行ったが、二人は一緒になれない定めとわかり、涙で別れた。これは田沢村でうたわれていた歌詞である。

行けば潟尻《かたじり》の、太次郎娘のおまこ姉、

姿七両二歩、顔つき三両で、五両まなぐ（眼）
それさ惚れたのは、田沢の大工たち、かた惚れだ

田沢湖の潟尻に住む太次郎の娘のおまこは、美しい娘だ。それに惚れたのは田沢村の大工たちで、みな片思いだ。美人で評判の娘にまつわる、村の三面記事を歌い込んでは皆で手を打って笑いあったのだろう。

相川長作爺《てで》、何がもとで又、嬶《かが》ことられた
麓お役所の、小走りもとで　嬶をとられた

これは生保内《おぼない》村の話題か。

行けば卒田《そつだ》村の、弥三郎のお品姉よい女ご
姿七両二歩、顔つき三両で、五両まなぐ
それさ惚れるやつ、鎌川の忠蔵馬喰《ばくろう》で片惚れだ

それでごしゃくやつ、鎌川の忠兵衛嬶、片ごしゃき

卒田村の弥三郎のところのお品は美人の娘だ。彼女に鎌川の馬喰の忠蔵が一方的に思いを寄せており、そのことで忠兵衛の嬶が腹を立てている。

行けば卒田村、中村の清水ばたの白稲荷
ご利生叶うとて、三ヶ村の若衆たち、みな籠もた
なんぼ籠もたたて、ご利生が叶わねば野良狐

卒田村の中村の清水ばたの白稲荷に、ご利益《りやく》が叶うといって、三ヶ村の若衆たちがお籠もりをした。いくら籠もったって、ご利益が叶わなけりゃ、野良狐みたいなもんだ。

おばこ何処さ行く　院内の観音様さ　願かけに
何の願だやら　おらだ馬こさ　よい馬こもたせださに

「おばこ何処へ行く」「院内の観音様へ願をかけに」「何の願だ」「おらの馬が、いい仔を産むように」──神代村《じんだい》の院内の大蔵観音《おおくらかんのん》は、牛馬の神として広く信仰を集めていた。

以上は昭和九年刊行の『秋田郷土芸術』（秋田郷土芸術協会発行）に収録されている歌詞の一部である。さらに、昭和六年刊行の高木徳治『白岩村郷土史』には以下のような歌詞もある。

おばここのじゅ、見《め》ね
嫌てでもいたのやら　莫蓙《ござ》の石
嫌ていねども　広久内《ひろくない》の発電所が堰きとめた

「おばこ、このごろさっぱり見えなかったな。おれのことを嫌っていたのか？」「嫌ってなんかいない。広久内の発電所に堰き止められて来られなかったのだ」──雄物川の支流・玉川が山間から平野に出たすぐのところに広久内発電所はあった。この発電所ができて間もない大正初め頃にできた歌詞だろうか。なお、莫蓙の石は抱返り渓谷の川の中にある平らな巨石である。

おばこかわいどて　抱返りの巫女石に願かけた
かけて叶わねば　相沢の滝こで　底ぼれだ

巫女石は、名勝・抱返り渓谷の吊り橋の近く、玉川の水の中にある奇岩で、旅の巫女が化したものだという伝説がある。その神秘の岩に、おばこへの恋愛成就の願をかけた。かけた願いが叶わなければ、相沢の滝（これは抱返りにある落差数十メートルの見かえりの滝のことである）の滝つぼの底で掘れ（惚れ）よう。

おばこ何処さ行く　抱返り明神様さお参りするに
お参り帰りに黒倉のしだ原であけびとっていた

おばこは抱返り神社へお参りに行くと言って、帰りには黒倉の柴原であけびを取っていた。

こうして、おばこは土地の固有名詞と共にうたわれ、すっかりその村の娘になっていたのである。

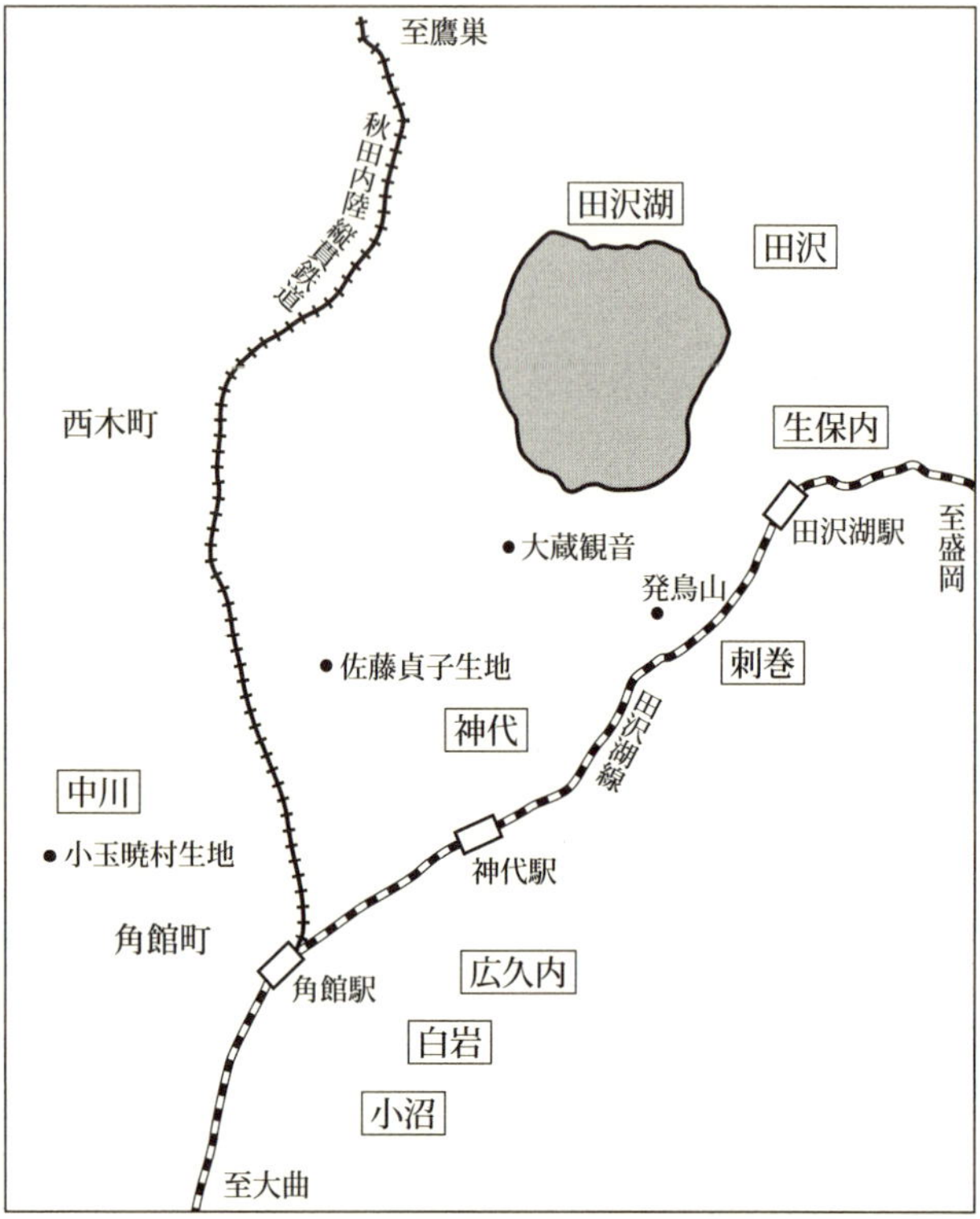

仙北の「おばこ節」関係略図

二　「おばこ」とは何か　～明治末・大正初期

大葉子説・平岡専太郎『日本風俗の新研究』

「おばこ節論争」の発端は、明治四二（一九〇九）年に平岡専太郎の著わした『日本風俗の新研究』（東京・杉本書房）である。平岡専太郎は明治三（一八七〇）年、神代村生まれの教師。明治二〇年代には地元岡崎小学校の校長を務め、のち秋田市中通小学校教師となり、やがて国漢文の検定をとり中等学校教師となる。秋田魁新報にも「平岡淇水」の名で文芸史関係の寄稿を多くした。ちなみに彼の子息は「若葉」の作曲者・平岡均之である(2)。

平岡専太郎は説く。

仙北地方には古来、大葉子《おばこ》節と称する他地方にはない俚謡が盛行しているが、これは古《いにしえ》の催馬楽《さいばら》（引用者注・奈良時代の民謡を平安時代に雅楽の歌曲としたもので、平安貴族に四百年愛唱された）の変身したものである。これは古代、欽明天皇の二十三年（注・西暦五六二年）

に新羅《しらぎ》に出征して壮烈の戦死を遂げた武将・調《つき》の伊企儺《いきな》の妻、大葉子《おばこ》の貞烈を愛でて当時から歌われていたものである。伊企儺夫妻の事実は『日本書紀』に見えている。

同じ時に捕虜になった調吉士伊企儺《つきのきしいきな》は、勇猛な性格で降伏しようとしなかった。新羅の闘将は刀を抜き放ち、彼の袴を脱がせて尻を日本に向けさせ、「日本の将よ、わが尻を食らえ」と叫ばせようとした。しかし伊企儺はどんな責めを受けようと「新羅の王よ、わが尻を食らえ」と叫び続け、ついに殺された。その子・舅子《おじこ》も父を抱えてともに死んだ。将帥たちはみな伊企儺の行為に感服し、その死を悼んだ。

その妻大葉子も捕虜になり、悲しんで歌った。
韓国《からくに》の　城《き》の上《へ》に立ちて　大葉子は　領巾《ひれ》振らすも　日本《やまと》へ向きて　（朝鮮の城の上に立って大葉子は領巾をお振りになる。日本に向かって）
ある人がこれに唱和して歌った。
韓国《からくに》の　城《き》の上《へ》に立たし　大葉子は　領巾《ひれ》振らす見ゆ　難波《なにわ》へ向きて　（朝鮮の城の上に立たれて大葉子が難波に向かって領巾をお振りになっているのが見える）
（注・平岡専太郎は日本書紀を漢文のまま引用しているので、井上光貞監訳『日本書紀』（中央公論社、昭和六二年）をもとに現代文とした）

「父子夫婦の壮烈なること、厳霜烈日の如し」。血あり涙ある日本人でその節操に感じない者はいない。故に当時の民人は催馬楽の曲調に合わせ、大葉子節と称して興じたのである。

催馬楽と大葉子節との関係を示す文献記録はないが、以下の例証を見れば納得してもらえよう。大葉子節の歌詞と催馬楽の歌詞は甚だ類似しているのである。勿論多少の変遷があるのは免れない。

〈催馬楽〉我が門に、や。我が門に、うはものすそぬれ、下ものすそぬれ、朝菜つみ、夕菜つみ、朝菜つみ。朝菜つみ、や、夕菜つみ。我が名を知らまく欲しからば、み園生《そのふ》の、み園生の。み園生の、や、み園生の。あやめの郡《こほり》の大領《たいりょう》の、まな娘といへ、弟《おと》娘とこそいはめ

〈大葉子節〉おば子ァ、どこさ往《ゆ》く、後ろの小沢コに、ほなコ取りに。ほなコァ若いとて、こだすこおろして沢なりに。ほなコァかじけ草、下の屋の花園に、行きたさに。

次の例として

〈催馬楽〉酒をたうべて、たべ酔《ゑ》うて、たんとこりんぞや。まかでくる。よろぼひそ。

まうでくる。たんな、たんな、たりや、たんな、たりちりう
〈大葉子節〉おば子ァ、作った酒ァ、にごりさけの、甘いので、さと（砂糖）しんこ。
さらに
〈催馬楽〉いで我が駒、はやく行きこせ。まつち山、あはれ、まつち山、はれ。まつち山、まつらん人をゆきてはや、あはれ行きて、はや見ん
〈大葉子節〉あべや此の馬、いそげや川原毛《からげ》、せめて麓の茶屋までも。（この歌は馬方節ともいうが、大ばこ節の曲でも歌われている）

（中略　以下、二首を比較）

催馬楽と大葉子節の共通点はこれだけではない。

①調節が甚だ同じである（催馬楽の形式は三十一字の短詩形を数段に分かち、毎度打ち返してこれを謡い、その間に長短句の錯綜するは古風な歌の特徴で、万葉集の調べを髣髴《ほうふつ》とさせる。大葉子節の形式も、各段打ち返し、かつ長短句の錯綜するところは全く同じである）。

②大葉子節の舞踊はすこぶる古風で、全く古代の俤《おもかげ》そのままである（大葉子節は数多の

少女を舞姫に扮装し、これを踊り子と称す。一組の人員は、笛一人、大鼓一人、小鼓二人、腰鼓一人、銅拍子一人、三味線一人（この二つは後世に加わったもの）。以上が拍子方で、踊り子は四人から八人で人数は定まらない。これは踏歌の節会の舞妓にまねびたるもので、類聚国史に見える）。

③用いられる楽器も催馬楽が生まれた当時と少しも変わらない。

以上の研究により、催馬楽と大葉子節は伯仲の間にあることがわかる。

仙北郡の民というのは、歴史上、純粋の日本土着人である。上古より前後十数回の皇軍の征略にあい、この地方に圧迫されて籠居した後裔なのである。この地方は周囲が皆山であり、古くは殆ど交通が途絶していた。よって服装・頭髪・化粧・冠婚葬祭・歌舞音楽等、ことごとく古代の遺風がある。故に催馬楽も持続し、大葉子節として生き残っているのである。

これが平岡専太郎の大葉子説の概要である。

催馬楽とおばこ節の詞は酷似していると主張するが、例に挙げられている一首目は、「娘」と「菜」が、二種目は「酒」、三種目は「馬」が共通の題材になっているだけで、全くの別物としか思えない。この説の致命的な弱点は催馬楽に大葉子の名が全く出てこないことである。また、仙北地方が、隠れ里のように他からの影響がなく古代の文化をそのまま継承してきたというのも荒唐無稽な説と言わざるを得ない。

ただ、「おばことは何か」を初めて探求し問題提起した極めて意義のある書といえる。

また、当時のおばこ節の踊りと囃子の構成等を記録した点でも価値がある。

訥禅坊「おばこ節と辰子姫」

平岡専太郎の大葉子説を批判したのが、訥禅坊「おばこ節と辰子姫」である（「秋田魁新報」大正五年一月二三日掲載）。その概要を記す。

田沢湖に遊ぶ者は、湖畔歌謡としての「おばこ節」を聞きたくなり、「おばこ節」を聞く故に田沢湖のことが懐かしくなってならぬという。とかく田沢湖と「おばこ節」は実に神秘的な連鎖がある。この歌は歌調が古雅で歌詞が天真爛漫な邪気のない、特別これぞという点も見出されぬのに、妙に雅人墨客を引く魔力がある。この歌の研究が盛んなことには驚かされるが、しかしそれらはどうも迂遠で牽強付会《けんきょうふかい》でならぬ。

某氏はこれは調《つき》の伊企儺《いきな》の妻「大葉子《おばこ》」の貞操を謳歌したなどというが噴飯に堪えない。少なくとも湖畔に生まれ育ち湖畔の気を味わって、「おばこ節」の真味を解した上での研究でなければ正鵠《せいこう》を射ることができぬ。

①「おばこ」の意義

おばこは湖畔方言の「お末ッ子《ば》」で、未婚娘の義である。姉はすでに結婚が済んだのに末の妹のみが未婚で、村の若者の恋の中心となったことから末の子ならずとも未婚娘を「おばこ」というようになった。

②「おばこ節」の主人公

しかしながらおばこ節は未婚娘一般を歌ったのではなく、坊は田沢湖神話の「辰子姫」がその主人公だと信ずる。おばこ節の歌詞でどこでも共通に歌われているのは「おばこどこさえぐ　刺巻の飛鳥山さお参りに」「おばこどこさえぐ　後ろの小山こさほなこ折りに」の二つで、前者の刺巻飛鳥山参りは院内大蔵観音籠願のことを、後者の後ろの小山のほな（ヨブスマ草）折りは高鉢森のわらび折りを指している。美しい娘である辰子姫は実は龍神なので、もし明白に事実を歌えば神罰を蒙《こうむ》りかねないので、当たり障りのない歌詞にしてうたっているのである。

訥禅坊のこの説は、前段は後に小玉暁村《こだまぎょうそん》が繰り返し述べていることと同一である。「郷土芸術往来」（昭和九年の秋田県図書館協会発行『秋田郷土叢話』所収）にはこう記されている。

おばこについては明治四十二年平岡専太郎著「日本風俗の新研究」に調の伊企儺の妻大葉子の貞烈を愛でて諷詠したもので、節は古の催馬楽の変身であると説いてあるので、自分はこれにショックを得、研究の念を起し、（略）意見を発表した(3)。当時はまだおばこぶしに関心をもつものがない、只昔ながらにうたっているというだけで、とかくの考えを持つものすらなかったのに自分が左の如き意味の事を発表した。おばこは仙北地方の俗語ばっこ（末娘）におの敬語の添うたもので、平岡氏の説は牽強付会であること。（以下略）

この後の文章で、〝平岡氏の大葉子説は、おばこの歌と催馬楽の歌を対比して論じているがどうも腑に落ちない。しかも世間はこれを問題にしようとしないので〟とあり、訥禅坊は小玉暁村である可能性が極めて高い。

しかし、この時点では研究は殆ど進んでいなかったのだろう。おばこ節は辰子姫のことをうたった歌だなどと、やはり牽強付会の説を示すにとどまっている。

槎湖生「オバコ節につき」

翌月下旬、この訥禅坊「おばこ節と辰子姫」に触発された、槎湖生の「オバコ節につき」という投書が魁に掲載された（「秋田魁新報」大正五年二月一八・一九日掲載）。なお、槎湖《さこ》とは田沢湖の別名。これを号としていたのは地元の教師あたりか。

〝オバコを伊企儺の妻大葉子に附会するの当たらざるは同論なれど、オバコをお末子《ばっこ》の意とするは如何にや。

思うにオバコは姨《ヲバ》コなり（姨は母の姉妹であり、小母とも書く。オバにあらずしてヲバなり。日本語にてはヲバといえば、広く伯叔母姑夷を指す）。即ち、姪甥より呼ぶ呼称がヲバであり、末だ嫁いでない母の妹をヲバと言っていたのを、そうでない人々も用いたのである。

そう考えるのは、二三男の少年をヲヂ（小父の義）と呼ぶからである。これは兄姉の子である甥姪からの呼称だが、そうでない人々もそのまま用いてヲヂ、またはヲヂコと言う。これは生保内・田沢辺の人々のよく知るところである。

さて、未婚の二三女なるヲバコに対し、言問《ことと》いしたる唄はいわゆるヲバコ節である。往古の風俗に、歌垣といって若い未婚の男女が歌で、言問《ことと》いしたことは万葉集にも見え、筑波の嬥歌《かがい》などが有名だが、奥羽にもこの習俗があったのだろう。

このヲバコ節を田子潟の田子（引用者注・地元では田沢湖のことを田子潟《たっこ》と呼んでいた。また、田子は辰子のことである）の伝説と結びつけるのは、いかにも面白い考えだが、当たっていない。予の知るところでは、ヲバコ節の原歌というべきは

ヲバコ何ぼになる　此の年くらせば十と七つ

という文句である。嬥歌では、まずそのほうの歳はいくつかと問いかけるのが順序であり、この歌がすべて問答体になっているのを見ても嬥の原歌と知れる。

思うに、奥羽のみならず全国中、最も古き唄の調べの存するは、生保内田沢辺におけるこのヲバコ節であろう。これは隔絶した地理的条件で新しい風俗が入って来ず、千余年前の嬥歌の調べをそのまま残しているためである〃

最後の結論はともかく、前段の「姨コ《ヲバ》」説は至極説得力のある的を得た指摘と思われる。ただ、その後、この説に光が当てられることはなかった。

「おばこ節論争」は、以上の三人のように「おばこ」とは何の意かを論じることから始まった。現在、「〝おばこ〟とは秋田の方言で若い娘さんのことを言う」などの説明がよく聞かれるが、古来秋田県の方言に「おばこ」はなく、模索の状態であったことが知れる。

三　おばこ節の発祥地はどこか　〜大正・昭和初期

小玉暁村「お末娘節の話」

仙北郡の小学校教師であった小玉暁村《こだまぎょうそん》（本名・久蔵。暁村は雅号）がおばこ節について発表したのは、翌大正六年秋だった（「魁新報」大正六年一〇月八・九日掲載）。題名は「お末娘《ばこ》節の話」。小玉暁村は明治十四（一八八一）年、中川村生まれ。教師にしては珍しく民謡や芸能に深い関心を持ち、魁紙に旺盛に投稿をしていた人物である。

〝お末娘節は田沢湖のほとりに育まれただけあってクラシックでローマンチックなところがあり、その抑揚は容易に模倣を許さぬ。

この歌の出所については種々な説をなす者がある。

甲はこう言った。お末娘は刺巻のある豪農の娘で、我がまま気ままな育ちだが、院内のある者と熱烈な恋に落ちた。それを羨んで院内の村の者が歌い出したものである。乙は言う。お末娘節の始まりは広久内《ひろくない》でなければならぬ。何となれば、広久内に関する歌詞がすこぶる多いからだ。

更に丙は言った。その昔、田沢村に上野《こうづけ》から落ちて来た浪士の息子で弥兵衛という若者がいた。彼は美貌の村娘、すなわちお末娘と恋に落ちた。それを知った村の若い男女の憎しみの的となり、ののしられるようになった。父の叱責にもあい、弥兵衛は桜の木の下で割腹して果てた。それを目の当たりにしたお末娘は悲しみのあまり石と化した。今も弥兵衛桜とお末娘石は残っている。

これらの説を考えるに、甲も乙もただその歌詞にその地名がよみこまれてあるのでその地に起こったと断定するようになった憶説で、信を置くには足らぬ。丙の説のロマンチックなところは却って俗離れして、お末娘そのものの起原にふさわしいとも思える。

ともあれ、これらの説は皆お末娘節の起原ではなく、お末娘の歌詞の起原の詮索にとどまっている。今、われの多少の検索によれば、お末娘節はその昔、田沢から南部に通ずる街道のあった当時、庄内馬喰《ばくろう》が、南部へ往復の途次、田沢辺に宿り、いわゆる庄内お末娘（今の酒田おばこ）を伝えたのが永い間に地方化され、醇化《じゅんか》されて今のお末娘節になったものと思われる。その証左には節回しに相似点があるばかりでなく、歌詞さえ全く同じ字数であり、その内容も殆ど同じものがある。

酒田お末娘の歌詞の一つに

おばこ来るかやと村のはずれまで出て見たば
おばこ来もせで、用のない煙草売りなど、ふれて来る

というがあるが、これは我がおばこの

おばこ来るかやと、橋の袂《たもと》にねて待てば
おばこ来もやせで、蛍の虫こなどとんでくる

というに酷似してるではないか。なお他にも探れば二三なきにあらねど今は省略する。

ともあれ、絃《いと》を二上りに捻上げて、男女の一座が一斉に手拍子そろえて唄い出す、そののんびりした中に言うに言われぬ妙趣のこもれる節まわしは、戸外の者も踊り込まずにはおられぬ感を起こさせる。

おばこは確かに田沢湖の気分を醸す一の酵母であり、田沢湖の気分を伝う一の蓄音機である〟

この文章が小玉暁村の「おばこ節論」の原型というべきものである。仙北北部の各村々が、わが村こそおばこ節の生まれた地だと主張するのに対し、それは詞の生まれた所であり、曲そのものは山形県の庄内からもたらされたのだという主張を、暁村はこの後、何度も繰り返していくことになる(4)。

千田白汀「お末娘物語」

この暁村の文章に、田沢村から反論が出た。千田白汀「お末娘《ばこ》物語」である（「魁新報」大正六年一一月二五日掲載）。

暁村氏の深い研鑽を積んだお末娘の研究は感心に堪えないが、暁村氏の書いたところはその梗概に過ぎない。私はお末娘節は田沢固有のものであると信ずる故、本村に伝わるロ一マンチックな口碑とミラクルを紹介しようと、村の伝説を詳細に綴っている。

〝昔、上田沢村の豪農・源七に、源十郎・源内・源助・おばこ（即ちお末娘）という四人の子があった。妹のお末娘は田舎には稀な美人で、気だてもよく、村の若衆はお末娘心持ち　小池の蓮の葉の溜まり水

少しさわる時　ころころ転んでそばによる
なんぼ下戸でも　お末娘さえ酌に出れァ三杯飯

と唄い、賛めたたえた。が、お末娘は誰にもなびかなかった。

その時、上野の国から来た弥生兵庫之助という浪人が名を上野門太と変えて、村から数丁離れた豆栗沢の上流に田地を開墾して暮らしていたが、その息子・弥兵衛は武士の息子だけに気品の高いところがあった。

お末娘は弥兵衛に惹かれ、二人は相愛の仲になった。二人は人目を忍んで後ろの沢に逢う瀬を重ねた。それが世間の噂になり、人が「お末娘どこさ行く」と聞けば、お末娘は「後ろの小山さホナコ折るに行って来た」と答え、「なぜホナコ折って来ないか」と問えば、「まだ若かったよ」と答えた。それが歌になり、人々の口にのぼった。

お末娘どこさ行く　後ろの小山さ　ほん菜折るに
ほん菜若いとて　こだしこ枕に沢なりに

また、その頃は焼山越えの道を通行しており、鹿角に行く旅人は皆、源七の家に泊まるのが常であった。お末娘は兄と共に道案内に立ち、遠い山路もいとわず玉川の湯（鳩ノ温泉）まで送った。旅の人はその親切をこう唄った。

お末娘連れろたば　玉川の湯本まで連られだ
縁でないと見えて　時雨《しぐれ》の涙コで泣き別れ

一方、弥兵衛の父は病に伏し、明日をも知れぬ命となった。ある日、父は弥兵衛を枕元に呼び、「お前は武士の子なのだから立派な妻をもらって、いつか必ず家名を上げよ」。そう言い残してこの世を去ってしまった。

弥兵衛は泣く泣く野辺送りを済ませ、ねんごろに弔った。そのうち世は花に明け、五月の初めとなった。弥兵衛はお末娘と山家の開墾地で暮らすことを決意したが、もしやお末娘は心変わりをしておらぬか。お末娘の心を試してみようと難題を持ち掛けた。

明日は五月の節句だが、私は臼がないため餅を搗くことができぬ。お前が真実、私の妻となるなら、明日ここまで臼を背負ってきてくれ。

お末娘は承知し、翌日、臼を背負って家を出て、遠回りに本道を登って行った。ただでさえ険しい道、ましてや女の身で臼を背負っているので、いく度か休み休み、やっと頂上近くまで登った。また一休みしようと臼をおろした途端、荷縄が外れて臼は底知れぬ谷に落下してしまった。これを見たお末娘は一人そこに泣き伏し、そのまま石に化してしまった。

いくら待ってもお末娘が来ないので迎えに来た弥兵衛はこの石を見て気絶せんばかりに驚き、おのれの所為を悔やんだ。そして家に帰り、裏の桜の木の下で切腹して死んだということである。

今も豆栗沢の上流に田の形跡や桜の木の跡が残っている。お末娘と弥兵衛が逢瀬を楽しんだ沢はお末娘沢、臼を落とした沢は臼沢と呼ばれている。今から数十年前、本村の忠吉という男の夢に一人の美女が現われて言うには、「われは中長根に居るお末娘石という物なり。われを祭ってくれなば、如何なる願いも成就せしむべし」と。その後、妻も同じ夢を見た。そこで山伏に頼んで祭った。今も村民は五月の節句にこれを祭っている。

故に私は、お末娘節は田沢が本家だと信ずる〟

「おばこ節」にちなんだ伝説があり、しかもその根拠たる地名や遺物までもあるので、おばこ節は間違いなく田沢村で生まれた歌だと主張しているのである。

千田氏はおばこ節は田沢固有の歌だとしながら、「おばこ」の語源については末娘であり、そういう名の娘がいたとして話を進めている。

ろしう生「末娘節物語」

翌年夏には、ろしう生が「末娘節物語《おばこぶし》」を発表する（「魁新報」大正七年八月一九～二五日掲載）。

〝仙北「末娘節」は十年このかた上下に流行している。その分布区域も広く、かつ、詞も音律も田園趣味を帯びているのは県内稀に見るところだ。

明治四十年十月のことだというが、仙北郡豊川村の黒沢某氏が「ササラ舞」の一団を組織して京に上り、日本体育会事務所境内で、閑院宮妃殿下の台覧に供した際、この「おばこぶし」も余興として唄ったので、一時都の沙汰に上ったということである。（引用者注・上演した地は京ではなく、東京である）

然るに、この「おばこ節」の作者は何処、如何なる風流人か、またそのおばこは何処の女で、如何なればかく世に持て囃されしかについては、今なお貌乎《ぼうこ》として頼るところがない。もっとも、ある者はこれを仙北郡田沢が出所だとして種々の神秘めける伝説を伝えているが、その作者は依然として不明である。

ところが、この歌詞に用いられている俚語、及び内容の地理的関係、その他を併せ調べると、どうしても角館から北が発祥地ではなかろうかと思われ、多少の研究を重ねてみたところ、遂にその出所が発見せられた。

それは田沢でも神代でも、勿論生保内、檜木内でもなく、角館から南へ里余、仙北郡白岩村広久内《ひろくない》である。

この村に古く、佐藤久左衛門という者がいた。芦名氏以前からの豪士で、芦名氏が角館から新庄へ引き移る際、禄仕を勧められたが断わり、その後、全く帰農したということである。村人は皆、大家と崇めている。この二十四代久左衛門の娘、みやこそ「末娘節」の主人公たるおばこなのである。みやは天保九年生まれ。生来の美貌に、心ばえもしとやか。近郷の若衆の血を湧かしたのも無理はない。

これと時を同じくして、同村内に草薙利右衛門という者がいた（享和二年生まれで、明治三年、六十七で没）。彼は俗曲の天才であるばかりでなく、三味線太鼓笛尺八から踊りに至るまで田舎師匠の資格があった。なおまた狂歌発句川柳前句など文芸にも秀でていた。彼が「仙北末娘節」の創作者であり作曲家なのである。

彼は「末娘節」を作るや、一句を得ては三絃を弾き、その呂律強弱を調節し、これを村人たちに唱和せしめた。

これらのことは両家の記録に明瞭に書き残されている。それだけでなく、その歌詞に出てくる地理的関係や俚語を考察するに、広久内から生まれたことは歴然としている。

おばこ何処さ行く　後ろの小山コさほなコ折るに

と歌われる小山コは、みやの生家、即ち久左衛門の居宅の後ろに、字小山と称する小さな山が今なお現にある。のみならず、

おばこ何処さ行く　刺巻の法帖山さお詣りするに
お詣りゃ仮託《かじけ》ごと　真崎野の柴原さごそもそと
それで足りねとて　黒倉の船場まで送り届けた

「法帖山」は生保内村刺巻の山中の岩窟にある作神で、六月二十四日の作験《さくだめ》し日はこの神の祭日で、当時非常に流行った神である。「真崎野の柴原」は神代村大字卒田にある原野、「黒倉の船場」は卒田の小字で玉川の渡船場。こうして見ると、これらの歌は、おばこが刺巻の法帖山へ参詣して、帰路、黒倉の渡しを越えて家に帰ったことにあやかって謡うたものである。

おばこ何処さ行く　白岩の瀬戸山に　瀬戸コ買うに

当時の白岩は瀬戸山が大発展したので、おばこが瀬戸山へ行く姿がとらえられている。

以上のことから、「おばこ節」のおばこはみやで、作者は利右衛門であることは疑いない〟

冒頭で触れられている豊川村のささらを閑院宮妃殿下の台覧に供した黒沢某というのは、豊川出身の陸軍体育教官・黒沢勇。映画監督黒沢明の父である。「ささら」とは、三頭の獅子踊りで、仙北地方には十数か所で伝承されている。豊川のささらは「東長野ささら」である。

さて、このろしう説も歌詞の生まれたところを歌の発祥地ととらえたものと見てよい。ただ、草薙利右衛門の名が挙がっているのが注目される。利右衛門は音楽・舞踊・文芸に秀でた才人であったのは間違いなく、おそらく「おばこ節」の歌詞のいくつかを作り、それを三味線に乗せて歌い広めたのであろう。神代のおやま囃子師匠であった津島留吉氏は、囃子の大師匠として、初代は藤沢おんち太夫（豊岡字小沼）、二代目に草薙利右衛門（白岩字広久内）をあげている(5)。利右衛門はおやま囃子の発展にも功績があった人物と目される。

仙北北部の村々にいたこうした芸能に才ある人々が、「おばこ節」をはじめ幾つもの歌・踊りを練り上げていったのだろう。

小玉暁村「民謡おばこの起原」

次の「おばこ節論争」はそれから十年余りたった昭和五（一九三〇）年に始まる。小玉暁村が「民謡おばこの起原」を発表し（「魁新報」昭和五年一月三一日、二月一日掲載）、それが論争の引き金になっていく。「民謡おばこの起原」は、これまでの説をまとめながら、その後深めた内容を加味している。


〝おばこ節の起原についてはいろいろな説がある。

第一説は、調の伊企儺の妻・大葉子の貞烈を賞嘆して作謡したものを催馬楽の曲にあわせて歌ったというもの。だがこれは遺憾ながら信ずることができぬ。おばこ節のどの歌詞を探っても大葉子を讃美したものとは受け取れぬ。

第二説は、おばこは仙北地方の末娘《ばっこ》の俗語に「お」の敬語がついたもの、即ち末の娘に対する代名詞だとするもので、自分はやはり、おばこはお末娘《ばこ》であると思う。この説に基づくものは、更に出所を各村々にする数種がある。

田沢説　（略―上野の国から落ちて来た武士の若者と村娘の悲恋から誕生）

白岩説　天正、慶長の頃から荘内と南部の通路の宿場として白岩の里は賑わった。殊に白岩公が城を構えるに至っていよいよ殷賑《いんしん》を極めた。後ろの山には瀬戸焼場さえ出来、当時の流行は多く白岩から発したのであった。従っておばこ節もこの里に芽を吹き、

　おばこ何処さ行く　白岩の瀬戸こ山さ　瀬戸こ買うに
　瀬戸こかづけ草　下のやの花園さ行きたさに

などの唄ができたのである。

神代村説　出所を卒田にするものと観音を機縁とするものの二種がある。

卒田説は、「行けば卒田村、中村の清水ばたの白稲荷、御利生叶うとて三ヶ村の若衆たち皆籠た」や「行けば卒田村の弥三郎のお品姉よい女、顔つき三両で五両まなぐ」云々などの歌があるところから発祥地を卒田としている。

観音説をなすものは、田村将軍（引用者注・坂上田村麻呂）東征の際、その守りとした観世音を院内山に祀ったものが、天正の頃から牛馬の守護神として信じられ、その縁日には遠く越後・会津・南部などからも盛んに参詣者が来て、その夜は徹夜の民謡競演会をやったものらしく、それが機縁となって発達したのがおばこ節だと言っている。「おばこ何処さ行く　院内山の観音様さ願かけに」「何の願だやら　俺だ馬こさよい馬子産《もた》

せたさに」。

太平説　太平山下の村（引用者注・南秋田郡太平村《たいへい》）をおばこの出生地となすもので、

おばこ何処さ行く　太平牛《おいだらべこ》こさ炭こつけて
牛《べこ》こ口説くには、娑婆さ生まれて俺ほど馬鹿なものあるべやもの
牛こそういうてけな、米町そまか其処だ、あべ牛こ

を証歌としている。

これらの出所について自分は、いずれも首肯し得ざるものである。それは現存する歌詞の中にその地の地名が織り込まれているから出所地を力説しているだけで、一つとして発生の証左とすべきものがない。

自分の見るところによれば、おばこ節は神楽歌から発していると思う。神楽歌は一條帝の頃の源雅信譜によれば、歌もあり舞もあって数種の楽器を用いたようで、歌い手は二列に並んで、本方が本歌を歌い終われば、末方は末歌を歌い和するというが常で、時に本末のないものもあったようである。

総角《あげまき》

〈本〉少童《あげまき》を早稲田にやりてや　其《そ》を思《も》ふと　其をもふと、其をもふと、其をもふと

〈末〉其をもふと何もせずして　春日すら　春日する、春日する、春日する
其駒《そのこま》
その駒ぞや　我に我に草乞ふ　草はとり　飼はん　轡《くつわ》とり　草はとり　かはんや　水はとり　かはんや

おばこ節の「おばこなぼになる」と歌いかくれば「十と七つ」と答える風は、ここに因を発するものと見られ、殊に今日、おばこ節を唄うものが一人唱ではなく一座がこもごも手を拍《う》ち唱和することも本方末方の流れを汲んでいると思う。

かくて時処が移り、遂に庄内地方の民謡となり、おばこ節なる俗謡と化したものと思う。文政年間に編まれた松井譲屋の「うかれ草」の出羽の部に

おばこ来るかやァと田ン圃のはしこまで出て見れば、
おばこ来もせで蛍の虫こなんぞがとんでくる。
おばこゐるかと、のれんの破れからのぞいて見たら、
おばこゐもせで隣のぢぢこなんぞが茶このんでる。

が載っている。これが庄内地方の歌たることは酒ではなく「茶このんでる」の風俗によっても明らかである（引用者注・秋田では殆ど茶が栽培されないため、仙北の農村部では明治の末

頃まで茶を飲む習慣がなく、もっぱら自家製の酒をのんでいた）。

しかして、この庄内おばこが如何にして北仙地方に飛び火をしたか。

それはいわゆる庄内博労《ばくろう》が南部地方に馬を購入のため、中央山脈の西麓を伝って白岩、生保内、田沢の辺に宿り、駒ヶ岳の北をまわって南部に往復した。こうして宿った博労連は至るところの宿で盛んに庄内おばこの種を蒔いた。また、院内の観音の縁日には庄内辺の者がよく参詣に来て唄うた。

それが永い間に地方化し、醇化し、ついに円転優婉の節調となり、のんびりしたうちに美妙の声調をなすに至った。それと共に歌詞は諸所でその地に適したように改作、または創作された。

なお、おばこが南方から移入した歌である証は、

　　おばこ腰巻鶴ヶ岡の殿様のしぼり幕
　　きれた切れ間から熊の皮の剣鞘の先見える

などで、歌詞中に残る庄内辺の方言も拾えば拾い得るが、ここでは省略する。

故にわれは、再び繰り返して言いたい。おばこ節の因は遠く神楽歌に発して庄内を経てわが仙北地方の北辺に湛《たた》え、遂に玉成《ぎょくせい》したものであると〟

前回の「お末娘節の話」から十二年ほど立ち、より練り上げられた論考となっている。いくつか大きな違いをあげれば、

①暁村として平岡専太郎の大葉子説を初めて正面から批判している。

②おばこ節の各村々の出所説が、前回は刺巻・広久内・田沢だったのが、今回は田沢・白岩・神代・太平であり、特に田沢説は詳細である。また、神代説は卒田と大蔵観音の二つを上げている。

③おばこ節の発祥を神楽歌に求めている。

④仙北地方のおばこ節より庄内おばこの方が古い証明として、「うかれ草」の詞をあげている。

⑤庄内博労が歌を仙北にもたらした場として、仙北各村の宿と院内の観音の祭礼をあげている。

これに関連し、「うかれ草」と、庄内の馬の交易についていま少し詳しく見ていきたい。

松井譲屋『浮れ草』

『浮れ草』は文政五（一八二二）年、江戸の歌舞伎作者・二代目松井幸三が収集・筆録した流行り歌の歌集である。譲屋《じょうおく》は俳号。松井幸三は初代もおり当時存命しているが（安永七年生～文政一一年没）、文化十二年頃、二代目を松井新幸に譲り、作者としての活動を引退している。初代ははじめ並木五瓶のもとで働き、のち、四代目鶴屋南北の創作に協力した人物である。二代目松井幸三（寛政五年生～文政十三年没、享年三十七）も四代目鶴屋南北つききりの作者として活躍した。「東海道四谷怪談」などでもかなり働いたと見られている。若くして亡くなったが歌舞伎の立作者として将来を嘱望されていた。

二代目松井幸三は子どもの頃から三味線を弾き、囃子方として出発したこともあり、音曲に才があり、南北の作「かさね（色彩間苅豆《いろもようちょっとかりまめ》）」でも詞章を担当するなど唄や浄瑠璃でよい仕事を残している。また一方では、大酒飲みで、吉原揚屋町に住み、三味線の名手だったため、太鼓持ち（幇間）をも業としていたと伝えられる(6)。

従って、吉原等、江戸で流行っていた歌に興味を持ち、意識的に収集・記録したのだろう。おばこ節は『浮れ草』の中の「国々田舎唄の部」三十八曲の一つに「出羽節」として書きとめられている。

「おばこ来るかやァと、田圃のはしこまで出て見れば、おばこ来もやせで、蛍の虫子なんぞが飛んで来る。見たこと聞たことしゃべねども、しゃべるにがッちゃしかられる。

「おばこ居るかと、のれんのやぶれからのぞいて見たら、おばこゐもやせで、となりのぢぢこなんぞが茶このんで。見たこと聞たことそら耳で、知らぬ顔しやがりゃきくこちゃね。

「おばこお女郎になれ、お客のお臍へとまらんか、いめとびかららんかのめ。

「おばこ夜鷹になれ、折助お臍へとまらんか、いめとびかららんかのめ。（ママ）

後ろの二首は、山形県米沢地方で歌われている「米沢おばこ」の詞

「おばこな、つばくらコにもならしゃんせ、人の軒端に巣をつくらんかのめか、飛びとまらんかのめ」

との類似が指摘されている。山形のおばこ節が江戸にもたらされたのは間違いないことである。

ちなみに「国々田舎唄の部」には「秋田節」という歌も出てくる。

「東山見て雪と思ふた、雪じゃ御座らぬ白つつじ白つつじ、とかく人の目をまよはせ

るまよはせる。

「秋田女子は冬瓜《とうがん》のこなよ、人にすられて落ちたがる落ちたがる、とかく油断が、なりませぬなりませぬ。

今は現存していないが、江戸時代、秋田で流行っていた歌なのだろうか。

庄内博労と馬

庄内博労が馬を求めて秋田を往来していたのは、文献記録を見つけることはできなかったが確かなことである。

西田川郡大山町（現鶴岡市大山）の馬市関係者が、昭和三年一月に大山町長に提出した「馬市場開設ニ付請願書」の冒頭には、次のように記されている。

「当大山町ノ馬市創設ハ其起源詳カナラザルモ、遠ク藩政ノ頃ヨリ旧称南部（盛岡方面）、秋田、福島、越後ノ牛馬商人相集リ、当地方ノ牛馬商人ヲ中心トシテ其売買取引殷盛ナリ。為メニ当地ハ勿論、隣村ノ農家、耕馬ノ購入ニ宜敷便ヲ得タリ。（以下略）」(7)

つまり、庄内の一地域である大山町では、起源は定かでないが江戸時代から南部（岩手）・秋田・福島・越後（新潟）の博労が集まり、地元の博労が中心となって馬の売買を盛んに行なってきた、これは当町のみならず隣村の農家にとっても馬の購入に便利な場であったというのである。

同市場での取引状況は、明治四十年の資料によると、市場は毎年十月頃に一回、三日間くらい開設された。一か年の取引き頭数は、明治三十七年三〇六頭、三十八年三六〇頭、三十九年四六九頭、四十年三五〇頭（牝馬二五〇頭、牡馬一〇〇頭）となっている。

また、「荘内新報」の大正六年八月三十日付けの紙面には、「馬市開かる」の記事が掲載されている(8)。

「鶴岡泉町なる馬市場は、一昨二十八日より開始したるが、曳込総頭数三百七十七頭にして、南部産秋田産最も多く、其売行きは越後、最上方面に多く、地方にも六七頭の売行きあり」（傍線引用者）

馬は交通運搬だけでなく、米どころの庄内平野、及び越後平野の農家にとっても不可欠のものであり、庄内では良馬を南部や秋田から長く求めて来たのである。

そして仙北郡の北部、特に田沢村は奥羽屈指の馬産地として名声を博していた。彼の地は古来、馬産地として知られていたが、特に文化年間には、領内産物の保護奨励に熱心で積極的に馬の他領移出を奨励していた藩主・佐竹義和が領内巡視の際、田沢村小和瀬野が馬の放牧場として適地であることを知り、御野馬牧場の開設となった。天保四年の巳年の大凶作大飢饉で、窮民救済のため同牧場の御野馬もことごとく売り払われたが、翌五年に郡奉行が田沢の親郷肝煎・堀川小太郎に御野馬牧場の再興を命じた。小太郎は南部に入国し、苦心の末、良馬三頭を得て帰国。改良繁殖に務めた結果、年々その数を増し隆盛。田沢馬の名は広く知られ、「秋田栗毛は田沢の育ち、羽がなけれど日に千里」とうたわれた。明治三十五年には百五十軒の農家で四百二十頭の馬を飼育し、年間二百頭以上の馬が産まれるまでになっていた(9)。

庄内博労は南部へ馬を求めて向かうだけでなく、田沢へも馬の買い付けに足繁く訪れていたのは間違いあるまい。

暁村は、おばこ節は仙北の各村々で生まれたのではなく、庄内から移入されたとし、その運搬者として博労に着目したのである。

戸與中清「郷土の誇りとせる『おばこ節』発現の本体」

この小玉暁村「民謡おばこ節の起原」に対し、それから二年ほどたって、またしても田沢から反論が出る。戸與中《とよなか》清「郷土の誇りとせる『おばこ節』発現の本体　―伝説としての「おばこ」の輪郭とその遺跡等のわが郷土性を明かにす」という長いタイトルの長文の論考である（「魁新報」昭和七年二月一九〜二二日掲載）。

「先年、郷土研究者小玉暁村氏がこの「おばこ節」の主人公たるおばこの発生地について、魁紙で論じられたのであるが、それは単に郷土学的立場から一通りの伝説を論拠としたものに過ぎなかった。（略）流布された一般の説を平面的に述べたに過ぎないものであって、これらは全く系統的条理をもつものではなく、実証となるべき本体そのものを把握して居らないのである、つまりわが郷土における絶対的実在をつぎにおいてあかししようとおもうのである」として、田沢村の伝説を詳述する。

その際、これは郷土の生き字引たる篤学者・千葉浅吉氏（八十五歳）の記憶と筆跡によるものだという序言をつけている。

以下、おばこ伝説が述べられていくのだが、基本は大正六年の千田白汀「お末娘節」と変わらない。但し、物語はやや入り組んだ筋書きとなっている。いくつかの違いをあげてみる。
①時代設定がなされている。千田白汀では「昔」だったのが、今回は「今を去る一千百七十余年前の即ち孝謙天皇の天平宝字元年（注・西暦七四九年）である」とする。

②源七の四番目の子が、以前は「おばこ」だったのが、「お小夜」と名がついている。そして、末の子を末子《ばっこ》というように発して敬称のおがついて「おばこ」と呼ばれたとする。

③村の青年の中に「高木市」という盲人を登場させている。彼は語学に精通した温和な青年で、小夜は高木市に思いを寄せていた。ところが他国から移って来た浪人・弥生兵庫が小夜に恋慕し、高木から小夜を奪ってしまった。それを知った世間は弥生の心を迷わすような噂をし、疑心暗鬼となった弥生は小夜の心を試そうと臼の運搬を頼んだという経緯になっている。

後は承知の通りである。

「おばこ石」の化石、「臼沢」（または「おばこ沢」）と「弥兵台」と呼ばれる原野、「弥兵桜」の伝承。さらに「おばこ石」の祀り。

このようにいくつもの地名・遺跡として残っている。故におばこ節の話は絶対的実在であり、この歌が田沢から生まれたのは間違いない、とする。

暁村・戸與中清の応酬

これに対し、暁村は大曲町で発行の旬刊の新聞「仙北民報」に「『おばこ節の起原』―

戸與中君に呈す」を発表する（昭和七年三月二一日号）。

その内容は、前段は戸與中清の稿の要約、中段にはこれまでのおばこ節研究に関する主なもの一覧をあげ、後段で述べる。

〝これらの研究は（一）おばこの語源について、（二）歌詞の出所についてに分けられる。そして戸與中君が力説されているのはこの（二）に属する。歌詞の出所については田沢説、白岩説、神代説、太平説等々があるわけだが、田沢にあった情事がおばこ節に作られたのも嘘とは思わぬし、白岩の雲巌寺礼讃もおばこ節になったと思うし、神代の院内観音様が題材になったのも無理からぬこと。その地その地にあったことが歌詞につくられて歌われたことに何の不思議もない。だから、おら方がほんとだと頑張る必要はないのである。

ただ、私の研究の主眼点はそれではない。（三）おばこの節調はどこから起こったか、である。おばこ節なる節調は何処からか流行ってきて、皆が口にするようになり、それに村の事件が歌にされて歌われたと推定されるのだ。私の関心の中心は、おばこ節がどこから流れ込んだか、である〟

＊

翌月中旬、戸與中清は同紙に「続「おばこ節」の発源地を強調す　―小玉暁村氏に弁解す小言」を発表する（「仙北民報」昭和七年四月一三日掲載）。

これは副題にあるように、最初に弁解の態度を表明する。しかし、暁村の説を認めたわけではない。

〝「おばこ節」の歌詞の中にうたわれている白岩や神代にちなんだものを否定するわけではない。むしろそうした歌材となれる事実を認めるものである。しかし、その「おばこ節」に歌われるようになった最後的シチュエーションはわが郷土なのだ。この歌は田沢で生まれた歌なのに、どうして詞と曲節を分けて考えられようか。「おばこ節」は千年以上の歴史を持つわが郷土の誇りである。そのことを充分理解してもらいたい〟

弱腰の弁解じみた小論であり、勝負あり。これで決着はついたかに見えた。

＊

ところが二か月後、戸與中清はまたしても「魁」に投稿する（「秋田魁新報」昭和七年六月一四・一五日掲載）。題名は「「おばこ節」起源地に対する断案と其他相関概念の高唱と――小玉暁村氏に捧ぐる証言」。大要は以下の通り。

〝先般の「仙北新報」の小篇は単なる抽象論で、ずいぶん約したものだったので、ここに改めて筆を起こす。わが郷土は甚だしい僻陬《へきすう》の地であり、早くから関東地方から浪人の流入のあったのは事実である。そして学才肌の人も少なくなかった。彼の落人が主となって、寄り合いの中で談話が歌詞になり、衆人の口ずさみによって節調が添えられたと想像される。それを証明するものは、「おばこ」の歌詞が純然たる郷土の訛《なま》りであることで、日常の言葉が歌詞に取り入れられているのである。

暁村氏は「おばこ節」は酒田が本場で、その地方から入ってきたと言うが、それは判然としないことである。田沢を起原地として南下して行ったと考えられるからである。

なお、田沢のおばこ伝説を否認するものに、玉川説がある。玉川の村（注・田沢村の隣村）から北方一里余り離れたところに宝仙台という平原があって、そこが金の発掘地であったことから工夫たちの長屋があった。その工夫の娘に「おばこ」がいて評判になったことに端を発すと一部に伝えられている。付近に歌にちなんだものとして「長者の山」「美女の沢」があるという。しかし、田沢説を覆すにはなお遼遠で論拠が単純である。

田沢では「おばこ」の住んでいた家もほぼ確定されている。

私が「おばこ」及び「おばこ節」に対して、殊更に関心を有するのは、「郷土の誇り」を固く把持して辞さないためである〟

熱烈な郷土愛が、田沢説に固執させていることがよくわかる。

＊

さて、戸與中清が最後のほうで触れていた玉川説だが、田沢湖地区の歴史愛好者達の北浦史談会「石ころ　第十五号」（一九七九年）に、また別の話の詳細が綴られているので参考までに概要を紹介したい。堀川昊潤「玉川おばこと歌詞」という題である。

玉川部落の北東約一里を隔てた所に長者館と称する平地があるが、昔、この長者には娘がいて、次女、即ちおばこは絶世の美人であった。おばこが十七の時である。村は当時戸数三十軒、その中に親方と呼ばれる金満家・中島佐五右衛門がいたが、彼の富力は長者の半分にも達しなかった。親方には姉と弟の二人の子がいた。弟の弥治郎が二十三の時、長者の次女と恋に落ちた。しかし長者夫婦は分限の低い佐五右衛門へ娘を縁付けることを承知せず、会うことも禁止した。

おばこは弥治郎に会うために、母には、館の後ろ三町の所にある小沢へホンナを取りに行くと言って家を出た。これが「おばこ何処さ行く、後ろの小山こさホナコとりに」という歌になった。夕方帰って来たおばこのコダシは空であったので、母は詰問した。

それが「ホナコァ若いとて、コダスコ枕に沢なりに」の歌になった。だが監視が厳しく、二人は思うように会えない日が続いた。「おばこァこのじゅァ（この頃）見えね、寝てでも居たやと案じてら」「寝ても居ないども、親達ァ出さねば、かごの鳥」

ある年の夏、おばこは「土用の丑の日の日帰り湯治は、長期の湯治より大きな効能があるから」と、両親の許しを得て玉川の湯（引用者注・かつて玉川村の北方の山中にあった「鳩の湯温泉」）へ行き、そこで弥治郎と落ち合った。だが妙案は浮かばなかった。「おばこァ連れる気で、玉川の湯元まで行たけれど」「縁がないとめで（見えて）、互いの涙こで泣き別れ」

おばこの両親は、近々、おばこを某富力家へ嫁がせようと準備を進め、監視も日々強めていった。おばこは心を閉じ、ついにものを言わなくなった。親たちは神仏へ祈願し、金に糸目をつけず医薬を施したが何の効果もなかった。そしてある日、おばこは自ら命を絶ってしまった。

残された弥治郎は一生独身を通したが、夜となく昼となく盃を傾けては、「おばこァつくた酒、濁りの甘いので砂糖しんこ」「なんぼおきゃく（多く）とも、おばこしゃァも（おばこさえ）酌に立てば、七杯呑む」と歌っていたという。

以上が玉川村のおばこ節発祥物語だが、田沢村の伝説にひけをとらないのではなかろうか。

＊

さて、昭和七年六月の戸與中清「『おばこ節』起源地に対する断案と其他相関概念の高唱と」に対し、翌月、「魁」に反論が載るのだが、これが実に興味深い。

「小玉暁村氏に捧ぐる証言」と副題にあったように、小玉暁村へ名指しの意見だったのに対し、何故か寺田啄味なる者が、暁村の代わりに「『おばこ節』のこと」を執筆しているのである（「秋田魁新報」昭和七年七月一四・一五日掲載）。

寺田啄味は前年の秋、「レコードに表われたる『秋田おばこ』に就いて」を発表していた人物（「秋田魁新報」昭和六年一一月三・五日掲載）。

レコードの「秋田おばこ」（すなわち佐藤貞子の歌）は郷土色を失っていると痛烈に批判し、本物の「おばこ」を世に押し出していかねばならぬと主張する内容であった。その彼が筆をとった。概要は以下の通りである。

この論は既に小玉暁村氏に依って決算がついたものかと考える次第だが、戸與中氏の論には中心点すら見いだせず、判断に苦しむ。ともあれ、私の考えを記して見よう。

①「おばこ節」と称するものには二つある。仙北地方と庄内地方のものである。これらは歌詞においても旋律においても殆ど差がないくらい接近している。ただ庄内地方のものに「コバエテ、コバエテ」の囃し言葉が具備してるだけが異なる。かように同じ歌詞が幾地方にも存在するに、どこの地が起源地だと断定することは、全く容易ならざる問題である。

②戸與中氏は「おばこ節」の歌詞は純然たる郷土の訛りだと申されるが、どんな歌も郷土に入れば、その土地の訛りで歌われるものだ。たとえば「草津節」は「草津よいとこ一度はおいで、お湯の中にも花が咲く」と書かれているが、秋田では「草チよいとこ、エチ度はおいで、お湯の中にもファナが咲く」と歌われる。故に歌詞の訛りからの起源地云々は何らの根拠もない。

③「おばこ」の語源については、「十七八の娘を「おばこ」と現在でも云ってる地方は越後の蒲原以北出羽の地方である。殊に用語されてる地方は蒲原から庄内、そして秋田県の平鹿あたりまでである。当の仙北地方では「姐《あね》」もしくは「姐コ」で通っている」。

故に、語源からの断定は起源地を決定されない。

④要は、小玉暁村氏の云わるる如く、庄内地方から流れてきた説は有力であり、この道の研究家の藤田徳太郎氏、小寺融吉氏、藤沢衛彦氏、学者の高野辰之氏らの一致するところである。

⑤最後に言えば、戸與中氏のものは単なる伝説としてならば、肯定することができる。しかし、失礼ながら氏に至っては未だ民謡なり民俗芸術に対しての造詣が全然ないものと私は認める。単なる憶測、勝手きわまる独断をもって社会にのぞむことは許されない。少なくとも芸術に関心を持ち、それに精進せんとする者は、考察的学問も必要であろうが、精神的にも洗練することが大事である。氏よ、歩《ほ》、一歩と確固たる芸術への道を歩もうではないか。

そして末尾に記す。「これへの駁文《ばくぶん》は徒らに本紙を浪費し、読者に迷惑を及ぼすなれば、私あてに手紙なりにも下される様とくとお願いする次第である」

＊

寺田氏は新たなこととして、「おばこ」を方言で十七八の若い娘の意として使っている地域として、新潟の越後・蒲原以北、出羽の庄内、平鹿をあげている。これは末娘におをつけた「お末娘説」の否定ともとれる。

ともあれ、暁村の言いたかったこと、特に暁村としてはなかなか口にしにくかったことを阿吽の呼吸で見事に言ってのけ、今後これへの意見は自分が引き受けると言い切る寺田啄味とは、いったいどんな人物か。文中には、暁村に断わってこの文章をしたためたなどという記述も一切ない。頼まれもしないのに寺田啄味はこれを書いているのである。第三者が入り込める余地のないこの論争で平気で筆をとることのできた人間、それは一人しか考えられない。小玉暁村その人である。

以上で昭和初期までの「おばこ節論争」は終わる。

四 「おばこ節論争」の背景と要因

「田沢おばこ」の絵はがき
（大正から昭和初期の頃）

おばこ節について何故かくも長期にわたって論争が起きたのか。それは仙北地方北部の村々でおばこ節が最も愛されていた歌だったからに他ならない。老若男女が集まると、みな手拍子で唱和した。

その人気が高じて、わが村こそおばこ節の発祥地だと、おばこ節の本家争いが生じた。大正四年には田沢湖の湖畔に初の旅館ができ、観光客が泊まると、田沢の「おばこ節」の歌と踊りでもてなされた。

おばこ節人気に火を注いだのが、佐藤貞子の歌の出現であったのは間違いあるまい。貞子は明治十九（一八八六）年、神代村六丁野に農家の次女として生まれた。父の清賢《せいけん》はおやま囃子の師匠で特に笛の名人、六

「秋田おばこの女王」佐藤貞子

つ年上の姉のイトも手踊りの師匠について学ぶという環境もあり、幼い頃から芸事をよくした。野良で歌う貞子の歌はあたり一面に響き渡り、大評判だったという。二十歳の頃からは家族で一座を組んで近隣をまわりだした。

貞子の「おばこ節」のレコード初吹込みは大正四年といわれる。おばこ節は俄然、世間の注目を浴びることになった。さらに大正十年、貞子は秋田市、そして東京・浅草へ進出。翌十一年には東京・上野で開催の平和博覧会の演芸館で高評価を得、やがて「秋田おばこの女王」として絶大な人気を集めて全国をまわることとなる。

全国的に有名になった「秋田おばこ」は芸術家たちからも注目された。後に世界的なオペラ歌手として活躍する関屋敏子（明治三十七年生、昭和十六年没、享年三十七）は、演奏会で訪れた秋田で耳にした「秋田おばこ」を自ら編曲して、歌曲「秋田おばこ」として独唱。「秋田魁新報」大正十五年十一月二十五日の紙面には、その楽譜が掲載されている。同年

国際的な歌手、関屋敏子も「秋田おばこ」を

十一月五日には、「オバコ節、倫敦で紹介される」の見出しで、〝日本演劇の研究家ペリングトン夫人が関屋敏子のオバコ節の歌曲を英訳してロンドンで出版すると言われるから、やがてロンドン子たちによっても我がオバコ節は歌われることになるだろう〟と報じられている。

関屋敏子は昭和二年にイタリアに留学。ほどなくスカラ座のオーディションに合格し、以後、プリマドンナとして欧米で華々しい活躍をしていく。海外での演奏会の際、彼女は日本民謡に材をとった曲目を披露することが多く、「秋田おばこ」「さんさ時雨」「江戸子守唄」等がうたわれた[10]。

彼女がミラノで吹き込んだ「秋田おばこ」のレコードが残されている。伴奏はミラノ・スカラ座オーケストラ。コロラトゥーラ・ソプラノの高度な技巧を駆使した芸術歌曲である。

一方、各村々のおばこ節も仙北名物として、県内外でますます人気を高めていた。

「魁新報」昭和六年二月二十五日付には、「仙北郡より県下各地の祭典に、さてはまた大都会の寄席の一隅に、県外の各種の余興等に繰出されるオバコ節、オバコ踊りの一団は、約二十組百七十人くらいある」という記事が掲載されている。この約二十組百七十人は殆どが仙北郡北部の村々の人であったことが推測される。

もっとも、この記事では質を問題視していて、「これら仙北郡から進出するオバコでも正統派と折り紙つきの者は、極く少数である。いわばオバコ節において幾多の亜流が発生し、今や正統派とみられるものは角館在白岩村の一部に踊る者のみだと、この道の専門家青柳長次郎氏が語っている」と続く。更に、

「オバコ踊りは神代、西明寺、田沢、生保内、中川、白岩、檜木内、雲沢等の角館中心にいろいろな流れを汲んでうたわれ、踊られている」とあるので、程なく佐藤貞子のおばこ節が仙北を席巻し、貞子流のおばこ一色になるのだが、この時点ではまだ各村々の素朴なおばこ節が命脈を保っていたらしいことがわかる。

また、「県下各地の花柳界！」でもオバコ節が盛んに歌い踊られていることが記されている。

こうした状況を背景にした「おばこ節論争」だった。

小玉暁村

＊

だが、これらはあくまで背景である。論争を起こしていくのは歌の来歴に深い関心と探求心を持った人たちである。明治末の平岡専太郎から始まったこの論争の中心にいたのは小玉暁村である。いったい、何故かくも暁村はおばこ節に熱い関心を持ち続けることができたのだろうか。

それを解明するカギと思われる文章が、「魁新報」の大正二年二月二十八日・三月一日付けに掲載されている。タイトルは「民謡仙北おばこ」、筆者は「荒川鉱山　楽天生」。荒川鉱山とは、仙北郡荒川村（現大仙市協和）にあった国内有数の銅山であり、明治三十五年頃から昭和十年までが最盛期だった。その鉱山の関係者による投稿である。

「民謡仙北おばこ（上）」

その国その土地の民謡、もしくは流行唄《はやりうた》というものが、如何に社会風教上に及ぼす感化力が偉大かということは、今更云うまでもないことである。そこで、我が輩は去る冬季休暇の作業として。郡内民謡のオーソリチー（引用者注・権威）と称揚されている、おばこ節の真味《しんみ》を本場で研究してみた。

一夜、知己に招かれ懇親会に臨んだ。宴者《えんしゃ》がだんだん、色づいて来た。時こそよけれ、我が輩の目的とするおばこ節が出た。若々しい女の声で喨々《りょうりょう》音頭上げが始まると、一斉に宴者が拍手拍子に謡《うたい》初めた。嚠喨《りゅうりょう》の声楽は或は急に、或は緩く、絶えては続き、続きてはまた絶え、好調《メロデー》の流れいみじくは、恰《あたか》も恋を夢見ている胸に潜《ひそ》んで居る弦から出るようで、寂《しょう》として聞いて居ると、何だか、こう胸の奥にローマンチックの線でも秘めてあってそれに触れられる様である。神経が恍惚《うっとり》として我が輩は凡《すべて》有る人間の怨恨、罪悪、劣情が洗い去られて絶対無限澄みに澄んだ聖《きよ》い神と化した様であった。

確かに粋《すい》を抜いた民謡だ、オーソリチーの資格は充分に完備せられて居る、独り仙北郡歌謡のオーソリチーと云うより寧《むし》ろ日本歌謡のオーソリチーと云うも大過なからんと思う。

殊にメロデーの結構においては流石《さすが》の楽聖ベートフエンも兜を放擲《ほうてき》せざるを得ないだろうと思う。然《しか》し**おばこぶし**は云うまでもなく俗謡であるから、数ある歌詞の中には、自然の情《じょう》を赤裸々にしかも激越に謡われ卑猥淫靡、誠に厭うべきものも沢山ある、素よりこれを普及することは善事《ぜんじ》ではないが、また無害にして味わうべき歌詞も決して少なくない。であるから我が輩はその愛吟すべきを知って、未だ排斥すべき所為《ゆえん》を知らぬ。

メロデーは大同小異なれど数種の別あり。今読者諸君に披露せんとするのは、趣味多くして而《しか》も音楽的に構成せられたるものを選ぶ。然《しか》しおばこ節は如何に名曲と云うも、俗謡だけに一定の小節《しょうせつ》をなしておらぬ。だが音符と音符とのリズムは失わぬ、我が輩がここに記載せる楽譜は何等《なんら》作曲上の規定にも適《かな》って居らぬし音楽上の定《じょう》にも添うておらぬ。ただ土地の者が謡うて居る其のままを音符にして組織せるにすぎぬから、ここは前もって断っておく。

「民謡仙北おばこ　（下）」

おばこぶし

1　おばこ、なぼ（何歳）になる、此年暮らせば、十《じゅう》と七つ。

2　十七、おばこなど、何しに花コなど、咲かないとな。

3　咲けば、実もやなる、咲かねば日影の色紅葉。

4　おばこ、どこさ（へ）行く、後の小山コに、ほなこ（ほん菜）折るに。
5　ほなこ（ほん菜）若いとて、こだし（蔓籠《つるかご》）コまくらコに、沢なりに。

（注・紙上では、以下、十三番まで歌詞が掲載されているが略す）

これらは自然の抒情詩であって、吾人の愛吟して排斥すべきを知らぬのである。すべて、文学や音楽等の純芸術を論ずる時は偏狭なる道学論を持出すのは、花見る人の長刀の類で場所柄を弁《わき》まえざる没常識と云わねばならぬ、詩といい、唱歌といい、主として人情美を唱《うた》うものである、勿論、風教に害ある歌曲は排斥しなければならぬが、直ちにこれを以て人を教訓するのも道具としようとするのは寧ろ少しく邪路に陥ったものといわねばならぬ。

（二月十日稿）

おばこ節に触れて心身が浄化されるような感動を受けたというのである。生涯、忘れ得ぬ体験であったろう。筆者は冬季休暇のある職業であり、しかも道徳問題をしきりに気にかけている。紙面には掲載されていないが、旋律を楽譜に書いて送っている。間違いなく教師であろう。

小玉暁村は明治四十一年五月に荒川鉱山の大盛小学校へ赴任。一年後、中川村の川崎小学校へ着任している。川崎は中川村の中でも山間部にあったが、近くに鉛や銅を産出する日三市《ひさいち》鉱山があり活況を呈していた。日三市鉱山は明治末期から大正五年までが最盛期で、同小学校にも鉱山から多くの児童が通い、明治四十五年頃には児童数五百人を超えていた。暁村は同校に大正七年春までいた。そして、日三市鉱山の鉱石は荒川鉱山で精錬されており、距離も近く系列を同じくするので荒川鉱山に含めて称される場合もあり、暁村が「荒川鉱山」の在を名乗っても、間違いではない。

しかも、暁村は後に「花の芸術　仙北特有の謡と踊の断面」(「秋田魁新報」昭和七年三月七日付)等で、おばこ節については「私は大正二年の春、紙上紹介をした」ことを何度か明言している。従って「楽天生」とは暁村の筆名だと断定していいだろう。

おばこ節への心底の感動が、彼を生涯、つき動かしていたに違いない。

五　暁村説をめぐって　～昭和中期

おばこ節についての小玉暁村説は、三、四十年後、何人かの研究者によって異論をぶつけられることになる

(一) 富木友治の批判

富木友治《とみきともじ》は、角館町に生まれ育った文化人。文学、民俗学等をよくし、旺盛に文化活動を展開した(大正五年生、昭和四三年没、享年五十二)。民謡についても造詣が深く、特に論理的把握にすぐれ、『秋田県史　民俗工芸編』の「民謡」の章を執筆した(『秋田県史　民俗工芸編』昭和三七年　秋田県)。

同著で、富木友治は、「秋田オバコ」についての見解を展開する。項目の名も「秋田オバコの疑問」。

秋田オバコは山形の庄内オバコの流れで、それが完璧にちかいほど土着化したことは、おおかたの認めるところと思う。そして、秋田オバコがほぼ仙北の山間部でローカライズされたこともちがいないようだ。よく「神代オバコ」「白岩オバコ」「生保内オバコ」「田沢オバコ」などと、まるでイモリの黒焼のような本家争いをしているようだが、この唄がいかにこの地方でさかんに歌われたか語る以外のなにものでもない。さかんに歌われただけに、つぎつぎと新しい歌詞を生んでいった形跡もあり、ほぼ古い歌詞とみられるもので、いちばん地名のでてくるのは神代の院内や卒田で、ついで白岩の瀬戸山や生保内刺巻の発鳥山や西明寺の潟尻、田沢ノ湯などである。田沢には「猿ムコ」の改竄《かいざん》（引用者注・「猿ムコ」は人間の嫁を得た猿が、嫁の里帰りの際、土産の臼を背負わされて行く昔話。サルは湖に突き出た桜の枝を嫁に所望され、臼を背負ったまま木に登り、枝が折れ、湖に落下して亡くなる）を思わせる伝説などがついているが、伝説があって、それに民謡がついて生まれるなどということはありっこない。昔話があるいってい の土地に固定し、その土地の物質を拝借することによって伝説が生まれるように、民謡にも昔話と同じような役割があったかもしれない。田沢の奥のかつて人家があって栄えたという所にオバコ石という石があるときいているが、もしそうだとすれば、それはおそらく姥石の誤りつたえられたのであろう。

古い秋田オバコをきけば、なんのことはない庄内のそれと、ほとんど同じなのである。したがって、いわゆる秋田オバコの成立は意外に新しく、明治以降とみていいだろう。

ここまでは、暁村が唱えていた説、すなわち、おばこ節は仙北の村々で生まれた歌ではなく、庄内おばこの歌が流入してきたもので、それが地方化したものであることを当然のこととして記述している。

次に富木友治は、庄内オバコと秋田オバコの歌詞の異同を考察していく。

〝両者の歌詞を比較してみると、A全く同じもの、B同じものだが部分的に言葉の入れ替えが見られるもの、C発想のみ同じだが内容の違うもの、D全く違うもの、の四つに分けられる。

まず、Aに該当するものは次の二首。

〽オバコ心もち　池の端の蓮の葉の　たまり水
すこしさわるときァ　ころりころりころりコと　そんまおちる

〽オバコ来るかやと　橋のたもとさ　寝てまった
　オバコ来もやせぬ　ホタルの虫コなど　飛んで来る

次に、部分的に多少の違いを見せているBとして、秋田の

〽オバコ居たかやと　障子コのきれまからちょいと見たば
　オバコ居もやせぬ　隣の婆さま来て　糸コよてた

が、庄内では「障子コのきれま」が「裏の小窓から」に、「隣の婆さま」が「用のない婆さま」、「糸コよてた」が「糸車」になっていて、殆ど同じである。

次にCの発想を同じくするものだが、秋田の

〽オバコどこさえぐ　後ろの小山コさ　ホンナコ折りに
　ホンナコかずけ草　コダシコ枕コに　沢なりに

これが庄内では

〽オバコどこさえぐべ　サヅキのさんなかに　重箱さんげエで
　村の庄屋どのから　殿さま上ンがらしゃりでどて　こびる飯

と、発想は同じだが全く趣の変わっていることに気づかされる。

最後に、Dの歌詞も発想も異なるものをあげてみる。

〽オバコ何ぼになる　この年暮らせば十と七つ
　十七オバコなど　何しに花コなど　咲かねエとナ
〽咲けば実もヤなる　咲かねば日かげの　いろもみじ
即ち秋田オバコの冒頭の一節に対して、庄内では
〽オバコ浴衣ぞめは　どこの町の染屋どで染めたなだ
　町は五日町の　三軒目の三右エ門どで　染めたなだ
〽酒田山王山の海老コと鰍コと角力とったば　海老コなんしてまた腰ァ曲がた
　鰍コと角力コとって投げられ　それで腰ァ曲がた
このDの歌詞こそ秋田と庄内の違いを示すものであり、これがまた両者のオバコの代表的な歌詞であることに気づかれるに違いない。
今すこし仔細にみれば、秋田のものは山村の風物を歌っているのに対して、庄内のものは田園と町場との交流を想わせるものである。これが発想が同じでも、まるまる内容を異にするCにおいては、もっと具体的であり、顕著である。同じオバコへの揶揄《やゆ》であっても、秋田のやんわりとしたものに対して、庄内のそれは小苗打ちのあけっぴろげな毒舌さがうかんでくる。要するに、庄内オバコは田園の唄であり、町場などとの交流にお

ける散文的な諧謔《かいぎゃく》があふれているのに対して、秋田オバコはつましい山村の生活の抒情性がその基調となっている。

秋田オバコにでてくる地名、もしくは固有名詞は、庄内流にいえば当然でていい城下町である角館はちっとも顔を出さず、院内の観音、刺巻の発鳥山、白岩の瀬戸山、田沢の湯などであり、また院内鎌川とか卒田とか潟尻などの、今はたずねるすべもないような無名の男女である。それにひきかえ、庄内の場合は、酒田や鶴岡の町名や店の名である。以上をみても、両者の相違は庄内の田園の唄に対し、秋田のものは山村のリリカルなものになっていることがはっきりする。

そうして、秋田オバコの冒頭のものに出てくるオバコの年齢の十七ということと、次に歌われる一節に山菜であるホンナが出てくることは注目していい。それは「十五七節」系統の「山唄」と「ヒデコ節」のこころがそこに顔をだしていると思われるからである。

庄内から秋田へ来ることによって、オバコは「山唄」の性格をいちじるしく持つに至ったのではなかろうか。庄内オバコのメロデーが秋田の独自のメロデーに変化したのは、明治以降の伴奏楽器である笛の旋律によるというのは、たしかに卓見にちがいないが、すでにその素地が歌詞の成立において準備されていたのではあるまいか〟

この部分は、庄内オバコと秋田・仙北のおばこ節の歌詞の違いを考察している。

富木氏は、「オバコ何ぼになる　この年暮らせば十と七つ。十七オバコなど　何しに花コなど　咲かねエとナ。咲けば実もヤなる　咲かねば日かげの　いろもみじ」は、秋田に固有の歌詞で庄内には存在しないと述べているが、同様の歌詞は庄内はじめ山形各地にある。

たとえば東田川郡山添村字西荒屋（現鶴岡市櫛引町）の「庄内おばこ」は

おばこ　なぼになる　この年暮れるでと　十七よ
十七八になって　おばこまた　なしてまた花咲かぬ
花は咲けれども　日陰の紅葉やで色つかぬ　コバエテ―コバエテ―　(11)

と、若干ニュアンスは異なるが明らかに同じ歌詞である。

また、南置賜郡三沢村（現米沢市）の「おばこ節」は、

おばこなぼになる　この年暮らせば十七よ
十七おばこ等の何して花コなど咲かねとな　ハーコバエテ―コバエテ　(12)

山形県だけではない。福島県の「相馬おばこ」は、

おばこ何ぼにならしゃんす　この年暮らせば　ただの十七だ
　オバヤレ、コチャヤレ ⒀

このように「おばこ節」の中でこの歌詞はかなり普遍的に歌われていたものだった。ただ、庄内と秋田では風土の違いから、歌い込まれる風物が異なり、曲の色合いも違ったものになっているという指摘は妥当なものである。

さて、問題の「秋田オバコの疑問」の本論は、この後である。

この唄がいつごろ庄内から秋田の仙北に運ばれてきたかは明らかでないが、通説としては庄内の馬喰うが南部へ行く途中、仙北の山間部につたえたということになっている。しかし、筆者は寡聞のせいか、たしかな根拠をまだみたことはない。もし疑えば、民謡は馬喰うなどがもっとも可能性のある運搬者だったという考えを前提としての説ではあるまいか。しいて異説をとなえるわけではないが、馬喰ううんぬんの根拠は、この唄を仔細に検討すればするほど薄弱になってきそうでならない。そうした疑問をいくつかここに投げてみることにしよう。

庄内馬喰うが馬産地である奥北浦（仙北の山間部のこと）へ往来し、または南部へぬけたことはたしかであろう。その場合、生保内より国見峠（現在の仙岩峠）を越えて南部雫石を経て盛岡へ行くのと、もう一つは生保内より田沢、玉川の宝仙岱を経て、鹿角へ越え、南部福岡あたりの馬産地へでるのと二つのルートがあるわけだ。かりにそのどちらも往来したとみてもいい。しかし、仙北へ入る途中のコースもすくなくとも二つは考えられる。いずれにしても、庄内―仙北―南部のかなりの距離のあいだにおいて、仙北にのみその唄が伝ったというのは、先に述べた「民謡の集中化」という法則によって、あるいは他にあったのが、いつか忘却の淵にすてられたかもしれない。

（引用者注・「民謡の集中化」とは、他地域ではすでに忘却されているのに、環境条件がよく、ある一定の地域に多くの歌が凝集され、保存されるばかりでなく、よい具合に改良が加えられ盛んになることを指している。仙北郡の北部をその代表例としている）

それにしても、唄のさかんな鹿角、または馬喰うの終着駅である南部のどこかに一片のかけらぐらいあってもいいのではないか。

つぎに「オバコ」という唄と馬もしくは馬喰うの関係である。庄内オバコの歌詞には遺憾ながら、春風に乗った馬糞の匂いさえしてこないのである。これはいったいどうしたことであろう。これがちょうど、庄内の田園の風趣が仙北へ入って山野の抒情の様相をおびるように、仙北の山間部へ入ってはじめて馬がその長い顔を覗かせる。それも間接に、それを愛飼している若いオバコの願いを通じてである。かりに類似の歌詞二十節を参照にしてみれば、オバコが馬の願をかけるというのが二つ、太平ベコをつれてゆくというのが一つ、院内鎌川の忠蔵馬喰うというのがオバコに片惚れしたというのが一つだけである。この馬喰うの名のでてくるのが一つに対して公平に、瀬戸山の福松アンコや田沢の大工たち、はてはマタギの諸君らも登場している。もし、庄内馬喰ううんぬんというのであるならば、庄内オバコそのものになんとかもっと工夫がありそうなものであるし、仙北へ来たところで、オバコに対する馬喰うは、片想いでしかなかったようだ。

もう一つは、その旋律である。わたしには甚だ自信のないことであるが、馬喰うや馬子が直接愛唱したとおもわれる「馬子唄」や「馬方節」においても、新しい「追分節」でも、馬の歩調にあわしたいっていいのリズムが感じられるし、囃子言葉のように馬を叱咤する掛けごえが入るようだ。庄内、秋田ともにオバコにそのようなリズムがあるだろうか。わたしにはちっともそのような速度感が感じられないのである。

それではいったい誰れが運搬したかということになる。つまり、庄内から秋田の仙北地方へだれがもってきたかということである。これには「ひなの一ふし」の解説で柳田先生が述べられている「早物語」を語り歩いたボサマの一文などが、深い示唆に富んでいるとおもわれる。すくなくとも、庄内オバコの歌詞からうけるものは、馬喰うなどよりは盲目の旅芸人であったボサマの三味の音がきこえてくるような気がしてならない。

「しいて異説をとなえるわけではない」と言いながら、暁村の提起した馬喰運搬説を全面的に否定しているのである。

この富木友治説は現在でも支持する人が少なくなく(14)、少しばかり検討してみたい。

馬喰運搬否定説の検討

富木氏の馬喰運搬説への疑問は、以下にまとめられる。

①庄内馬喰がおばこ節を運搬したという記録がない。
②庄内馬喰がおばこ節を運搬したというならば、彼らの終着駅である、民謡の盛んな鹿角や盛岡におばこ節の痕跡があってしかるべきなのに、どちらにもおばこ節はない。
③庄内おばこの歌詞には、馬に関わるものが全くない。
④庄内おばこのリズムには、馬の歩調を感じさせるものがない。

この他に、『角館誌　民俗芸能・民謡・民俗工芸編』（昭和四六年）では、庄内馬喰のルートの問題もつけ加えている。即ち、

⑤庄内馬喰が、角館・生保内を通って国見峠を越えて南部へ往来した際の土産とされているが、早くからおばこ節が盛んだった神代・田沢・桧木内は、そのルートから外れている。また、国見峠や盛岡を偲ばせるものが歌詞にないし、口碑にもこの歌の名残がない。

それらを勘案して、旅芸人であるボサマの伝播の可能性を主張しているわけである。

柳田国男が著わしたボサマの一文を探し出すことはできなかったが、「早物語」は仙北にもかつて残されていた。小玉暁村「秋田の正月ほいどと壽詞」（「旅と伝説一四六号」昭和一五年）には、万歳・物語・福俵廻し・豆蔵語り等々が唱えた詞が紹介されているが、冒頭にはこう書かれている。「昔は正月が来るといろいろの祝《ほ》ぎ人が門に来て壽詞をのべ、正月気分を引き立てた。その祝ぎ人には米餅銭などをやる習わしであったが、後にはほぎ人をほいどといって乞食のように目するに至った」。そして、「早物語」の説明には、「物語は昔は十一日が語り初めであったというが、維新ごろは松の内、望間、小正月とも門に来て喃々《なんなん》と語った。衣裳は旅装束で特殊のものではなかった」とある。これによると、「早物語」の語り手を「おばこ節」の伝播者と考えるのはかなり難しい。

盲目の三味線弾きであるボサマは津軽が有名で、門づけで三味線を弾いて暮らし、それが津軽三味線の元になったといわれる。大條和雄『絃魂　津軽三味線』（合同出版、一九八四年）によれば、藩政時代には盲人は座頭組織に入らなければならず、それは藩の保護を受けていた、しかし維新以後はその組織も保護も失ってしまう。その中から坊様の道が生まれ、やがて「坊様会」もできた。彼らは皆芸達者で、三味線だけでなく、笛・尺八の演奏もし、歌や踊りも堪能だった。代表的な歌は「鈴木主水」や「ジョンカラ口説」。中には鑑札を取得して全国をまわる者もいたというが、彼らが庄内の歌を仙北に持ち込んだとは考えにくい。

秋田でのボサマの実態は不明であり、津軽のような活動がなされたかどうか、よくわからない。勿論、仙北北部の西明寺村にも西宮徳水《とくすい》という盲人の三味線の名手がいて、仙北の民謡や芸能の発展に多大な貢献をしたことは伝えられている。西宮徳水は明治十三年生まれで昭和十五年没。三味線・胡弓・祭文・端唄・尺八・太鼓等、いずれも優れた演奏者として名を馳せたが、本業は鍼治と按摩であり、活動は単独であった(15)。

庄内のボサマが秋田にもまわって来たかどうかは全く不明である。

では、一般の旅芸人はどうであったか。これに関しても詳細な記録があるわけではなく、部分的な証言をもとに推し量るしかない。
　神代村森の腰に生まれ育った津島留吉氏（明治四一年生まれ）は、子どもの頃の記憶として語っている。〝昔は今と違って、門渡り芸人といって、田舎をまわる旅芸人がよく来た。三味線や尺八などをやりながら、男ばかり二、三人連れでやって来て、自分の家は芸好きなものだから、いつもその宿になった。彼らは日中は部落の六十戸ほどの家々を一軒ずつ門づけしてまわり、お金や米をもらって歩く。日暮れ方にわが家に来て、夜は村の人たちが集まって来て、皆に伴奏をつけて歌わせたりしたものだ〟(16)
　生保内の武蔵野に生まれた佐藤和子さん（昭和六年生まれ）の記憶は、昭和十年代前半の様子である。〝生保内の宿《しゅく》部落は、みな農家だが、角館街道を流通で歩く人たちを各家に泊めていたものだ。ここの人たちは昔から民謡・芸能好きで、芸人が来ると必ず近所の人たちが集まって来て、芸の交流をしていた。特に毛江田《もえだ》さんの一族は皆お囃子や踊りをやっており、芸人さんが来ると一週間なり十日なり泊めて踊りを覚えていた。私が物心ついた時は盆踊りも盛んで、道路にはたき火がたかれ、何千という人の踊りの列が続いていた。盆踊りの曲目は地元のは「長者の山」だけで、あとは「佐渡おけさ」や「草津節」「三階節」など、全国の民謡を踊っていた。私は小学校四年生の時に毛江田組に入って、本格的に踊りをやり出し

た。普通の民謡踊りや、「音頭」とか「かっぽれ」とかの下りものを教わった〟(17)

また、津軽では明治の頃、旅芸人は番太郎と呼ばれ、オカレ節や伊勢音頭や口説節など、いろいろな流行り歌を持ってきたという(18)。

思うに、旅芸人の曲目は、江戸（東京）や上方で流行っていた歌や踊りが主ではなかったかと思われる。彼らが旅の途中で、庄内で流行っていたおばこ節を覚え、仙北に伝えた可能性は皆無ではないにしても、確率は極めて低いのではないだろうか。

東北一円には「松坂」あるいは「にかた節」と呼ばれる祝い歌が広く分布しているが、これは藩政時代、旅芸人である座頭や瞽女がうたい広めたのだといわれている(19)。これに対し、秋田でのおばこ節の分布はごく狭い範囲である。

筆者は、やはり仙北におばこ節を伝えたのは、おばこ節に強い愛着を持っている庄内の人々であったろうと思う。仙北に足繁く通っていたのは、何といっても馬喰たちである。富木友治は、おばこ節と馬喰は結びつかないとの理由を、これでもかというくらい上げてその関係を否定している。その内容はもっともなことばかりである。だが、彼が見落としているることがあったのではないだろうか。

全国の民謡を調査・蒐集した民謡研究家・町田佳声は、『日本民謡大観　東北篇』の「山形と秋田のおばこ」の解説文の中で、小玉暁村の馬喰運搬説を紹介した後で述べている。

然しながら庄内の馬喰がその土地を往来したと云うだけで他国の唄が必ずしもその土地へ根付くとは考えられないことで、これは何か機縁となるべきことが無くてはかなわぬことである、と、筆者はこれを長年の疑問として居たのであるが、昭和十八年五月、同地方を旅行調査の折、角館町の武藤鉄城氏を訪い、同氏から種々同地方の慣行事、習俗に就いて伺っている中に重要なポイントを掴むことができた。それは同郡神代村の大蔵山に祀られている大蔵観音の縁日は毎年旧七月九日で、参詣者はその前夜から山にお籠りを為し、その時に「お山節」を掛唄の形式で徹宵して謳《うた》い、その声音の美と機智の妙とを競い合うことは既に記したが、同夜は郡内の人々のみならず、遠く津軽、南部、山形、磐城方面の人々迄集まって、それぞれ御国自慢の唄や踊を踊るのが慣例となって居り、殊にこの観音は往古坂上田村麻呂が征夷に際して兜の八幡座に納め置いた観音像をこの地に奉安したと云う伝説があり、由来産馬の神として諸民の崇敬厚く、殊に馬喰は庄内、津軽、南部、三春方面の者迄が参籠したと云うことであるから、従って庄内の馬喰は勿論その他の人々も参詣して、お国自慢の「おばこ節」等も演じたり踊ったりしたであろうし、これが神代村に根をおろす機縁となったことが考えられる。

このことは小玉暁村も「民謡おばこの起原」(「魁新報」昭和五年)で指摘していたことである。

たつこ屋敷(仙北市田沢湖岡崎院内)

大蔵観音祭礼

仙北市田沢湖、神代地区。JR田沢湖線神代駅から北へ数キロほど行くと、低い山々に囲まれた四十戸ほどの集落に着く。院内。その一番奥まった所にある民家の前に「辰子姫誕生之地」の木柱が立つ。昔、永遠の若さをもとめて龍になり田沢湖の主となった美少女・辰子が生まれたのはこの地だという伝説がある。そこから山道を二キロほど行くと、かつては鳥居が立ち、仁王門もあった(筆者が四十数年前、訪れた時は、数メートルの仁王の木像が半ば朽ちて横たわっていた)。大蔵観音への参道はそこから始まり、

祭りの宵宮で踊る岩手の人々

ありし日の大蔵観音

木立の中の細道を十数分上がっていくと、大蔵観音の跡地に着く。境内の入り口には今も千手観音・毘沙門天・地蔵菩薩の石像が立つが、観音堂と大蔵神社は社屋の損壊が激しく取り壊され、二十年ほど前、麓の院内の地に移転・新築となった。

大蔵観音がまだそこにあった四十四年前（一九七三年）、筆者は一度だけ、先輩たちに連れられてその祭礼に行ったことがある。夕方七時を過ぎて、人影もまばらで、祭りはすっかり寂れていた。堂内には、だが、なぜか秋田市太平から来たという数人の一団がいて、自分たちは久しぶりに遠方からやって来たのに、地元のこのざまはどうしたものかと関係者に意見をしていたのを朧げに覚えている。堂内の板壁の上方には、馬を描いた奉納の絵が多数飾られ、中に辰子姫のはかなげな顔の絵もあった。

さて、この大蔵観音の創立は不明であるが、発祥は大同

大蔵観音の額［暁村の筆］（撮影、大山文夫氏）

二（八〇七）年、坂上田村麻呂が蝦夷との戦いを終え京に帰る際、一身の守護として兜に納めていた京都・清水観音の分霊である小さな観音像をこの山に安置したものだといわれている（勿論、田村麻呂が秋田県側に来た事実はないので伝説に過ぎない）。中世には多くの山伏の拠点となっていたという。

江戸時代には歴代の角館藩主が崇敬し、秋田藩の藩主たちも手厚い保護をかけている。文化十二（一八一五）年の『秋田風土記』では、堂は四間四間。お堂の傍らにあった長床《ながとこ》は三棟（二間六間・二間三間・二間四間）で、宵宮の籠りはこの時代、すでに盛んであったことが窺われる。

明治維新後の廃仏毀釈・神仏分離により、大蔵山観音は、大国主神を祭神とする大蔵神社となるが、院内では周辺の村々の信者と糾合し、神社の横に新たに観音堂を建立する。明治時代の大蔵神社は拝殿が五間六間、それに奥殿がついていた（明治四十一年に火災で焼失、間もなく再建されるが、幾分小ぶりになった）。

大蔵観音は明治・大正・昭和と、産馬の神として広く信仰を集めた。明治四十一年の火災から唯一免れた絵馬がある。神馬を曳く神丁を描いた彩色のもので「奉納　馬形諸願成就之所越後住人　穴沢　大覚　判　干時慶長五年庚子五月上旬敬白」の文字。大きさは縦四十八センチメートル、横一・二メートル。「馬形」が「馬方」の意であれば、慶長五（一六〇〇）年に越後の人が寄進した当時すでに大蔵観音は馬の守り神として篤い信仰を集めていたことになる。

残されている遠隔地の絵馬は、岩手郡厨川村谷地上（明治四十二年七月十日）、岩手郡滝沢村大沢（年月日不詳）、岩手郡（大正六年旧七月九日）、河辺郡岩見三内村東（大正十四年旧七月九日）、南秋田郡太平村（昭和五年旧五月吉日）等がある。また、岩手県岩手郡雫石町西根字篠崎には「大蔵山観世音」の社殿と石碑が三基、立っている（明治二十八年と大正九年、大正十五年の建立）(20)。

そして、七月九日の祭礼の宵宮に、長床で「かけ歌」が盛んに行なわれていたのである。北浦史談会発行「石ころ　十九号」（一九九〇年七月刊）の藤村孝夫氏（昭和三年生）と三浦久兵衛氏（大正十年生）の対談「大蔵山観音むかしがたり」では、昭和十年代の祭礼とかけ歌の様子が語られている。

〝南部(岩手)の人がたは朝、暗いうちに向こうを出発し、仙岩峠を越え山伏峠を越えて夕方、田沢湖畔の大沢に着き、そこから一時間半ほどかけて薬師峠を越えて大蔵観音へ来た。各自ゴザを背負い、集落毎に十人、二十人の行列をつくって歩いていたが、とにかく賑やかなものだった。秋田では近くの角館、雲然《くもしかり》あたりは勿論、大曲、河辺、太平、それに阿仁の方からも大覚野峠を越えて来ていた。

境内は夕方になれば、溢れるほど大勢の人が集まった。年寄りもいれば若い人もいる。女性もずいぶん混じっていた。観音様のお堂、その両側の二つの長床、大蔵神社の拝殿は人でいっぱいになり、境内には焚き火がたかれ、建物に入れなかった人々がそこらじゅうに座り込んで酒の飲み方が始まる。

日がとっぷりと暮れれば、いよいよ南部の人がたが踊り出す。「南部踊り」といって、笛と太鼓に合わせて、焚火のまわりを二重の円をつくって、速い調子で激しく踊り、一、二時間も踊り続ける。仙北の人はかなり歌や踊りが好きだが、あまりに手が細かくしかも速い踊りなので、誰も真似できなかった。「チョイトヤッセ」というかけ声と、「南部あねこと馬がよい」という歌詞をいまだに覚えている。

南部踊りが終わり、ひとしきり境内の空気も静まった午後十時頃、どこからともなく誰かが「にかた節」を歌い出し、いよいよ「かけ歌」が始まる。最初のうちは「おれとお前は田沢の潟よ」などというありふれたものだが、次第に気の利いた歌詞になり、それに応えて誰かが歌う。七・七・七・五の字数の、いずれも即興的な歌詞だ。声が続かなかったり、文句が続かなかったりすると、すぐに傍らの歌好きの人が代わってうたい、そうして途切れることなく続く。

審査員がいて勝ち負けを決めるやり方ではなく、あくまで自然な歌の応酬だったが、やはり、声のいい人がその時々の社会を風刺するような歌をうたうと喝采を受けた。クライマックスには境内の何百という人々がシーンと静まり返って真剣に聞き入っていた。かけ歌は朝まで続いた〟

かけ歌は田沢湖畔の御座石神社や鳩峰神社など周辺の祭りでも行なわれていたが、大蔵観音のかけ歌は最も盛大で多くの歌の名人が参加し、「かけ歌の総本山」と言われた。

そして、この「にかた節」は「越後松坂」を元とし、雄物川の船方、あるいは博労などによって伝えられたが、仙北地方へ定着したのは、明治後期といわれる(21)。

にかた節によるかけ歌がまだ成立しなかった時代に、人里離れた山中の祭りの夜籠もりで、各地から集まって来た人々がお国自慢の歌や踊りを出し合った時、庄内の馬喰が郷里で最も愛されている「おばこ節」を歌うのは至極当然のことであったのではないだろうか。親しみやすく覚えやすいこの歌は、その場に居合わせた人々に口ずさまれるようになり、おばこ節はやがて、この地域で広くうたわれる歌になった、という経緯に違いない。
大蔵観音の祭礼で「おばこ節」がはたして歌われたのか、証拠はあるのか、という疑問もあるかもしれない。この種の祭りがそうであるように、大蔵観音の祭りの芸能記録はない。ただ、牛の飼育が盛んだった南秋田郡太平村（現秋田市）の「おばこ節」の歌詞が残っている。

おばこ何処さ行く　太平《おいだら》べここさ米こつけて
べここ口説くには、俺よなつまらぬもの娑婆にあらうば
べここそう言うてけな　米町そまかそこだ　あべ、べここ

大蔵観音の熱心な参詣者であった太平の人たちが、祭りで覚えていき、仙北の人々のように詞を作って歌ったものであることが推測される。

また、小玉暁村が「民謡　おばこの起原」（「魁新報」昭和五年）で触れているように、地元神代の人たちは、「院内の大蔵観音では、天正の頃から牛馬の守護神として、その縁日には遠く越後・会津・南部などからも盛んに参詣者が来て、その夜は徹夜の民謡競演会をやり、それが機縁となって発達したのがおばこ節だ」と言っており、

おばこ何処さ行く　院内山の観音様さ願かけに
何の願だやら　俺だ馬こさよい馬子産《もた》せたささに

という歌が伝えられていることもそれを証拠だてるものだと思われる。

＊

富木友治は「庄内おばこ」に馬のにおいがなく馬方節特有のリズムがないことを理由に、庄内馬喰がこの歌を運んだとは到底考えられないと主張したが、こうした場で歌われたことを考えると、「庄内おばこ」に馬の匂いがなくても何ら不思議はない。彼らが道々歌うのは馬方節で十分であり、そこでおばこ節を歌い込む必要はなかったのである。

(二) 小峰秀夫の批判

『秋田県史　民俗工芸編』が出た数年後、当時、秋田魁新報社文化部記者だった小峰秀

夫氏は、『秋田の民謡・芸能・文芸　―地方文化の源流』（秋田魁新報社、昭和四五年）で、「おばこ節」の語源・発祥地について更なる疑問を呈した。

これは「おばこ節尋ねて六百キロ」の章で、前段は、〝おばこ〟の発生地論争（大正期の仙北地方北部での本家争い）・小玉暁村説（庄内からの馬口労《ばくろう》伝播説で論争に区切りがついたこと）を紹介し、中段で、その後わかった「おばこ節」の分布や研究（秋田県鳥海村「直根おばこ」の存在、新潟と山形の「おばこ節」と山形大学・浅野建二教授の推論、岐阜県吉城郡古川町数河の「おばこ節」等）を述べ、それらを踏まえて提起している。


では、肝心の〝おばこ〟の語源は？　今までの解釈では、「オバコは秋田方言で若い娘をさす」と解説されてきた。しかし、実際仙北に行くとオバはあってもオバコの古い方言はなく、むしろ移入唄「おばこ節」から飛び出た副次的なことばだ。しかも、山形、新潟、福島、はては岐阜にもオバコの名のついた民謡、芸能があるから、方言説は消えてしまう。それらの地方では決して〝若い娘〟をさしてはいないからだ。だから、オバコ語源考は、白紙に返して調べ直さなければならない。

オバコとは一体何物だろう？　〝所変えたら名を変える〟民謡波及のルールに反して、

岐阜から秋田まで一貫して「オバコ」が固守されていることは、原則的に〝名を変えてまずい〟特別の理由があった―と見てよい。たとえば、山形民謡が秋田に移る時、地域性に応じた衣替えをするのが、民謡の常用手段だ。だが、「おばこ節」ではあくまでオバコの名を守って移されてきた。こうなると、オバコの原形に信仰的・宗教的行事が隠されている、と考えるのが常識であろう。宗教の世界では、あらゆる名称、芸能であればパターンの伝承もきわめて厳格だし、それに古い民謡ほど、祭事から生まれているからだ。

＊

「おばこ節」の歌い方が、神楽歌のように問答形式なのも、古い形を物語っていよう。歌垣のところで述べたように、民謡の原形はこの問答体で始まっている。中世の田植え唄も、サンバイと早乙女の掛け合いだった。「おばこ」が、庄内で古い「ナワない唄」、大沢（引用者注・山形県最上郡真室川町大沢）では「ウスひき唄」に使われていた形跡が明らか。作業唄は古い形式の唄だから、ここでも〝古い型〟という性格が見いだせる。「秋田おばこ」の歌詞も、綿密に見ていくと、叙情的な内容があるかと思えば、ヤユした歌詞などに変化し、唄の内容に一貫性を欠いている。つまり、素朴な作業唄か神事唄が先行形としてあって、のち、遊宴唄に転用されて、いろんな歌詞がプラスされ、原形が隠されたと見てよい。

山形県東田川郡などから、近年一連の古形と思われる「おばこ」が発見され、注目されている。これを「昔おばこ」と呼び、今後の解明待ちだ。「おばこ節」の分布図は未完なのだ。岐阜、福島、山形、秋田などに、しかも点々としか発見されていないが、これらを結ぶ線上に、未発掘の「おばこ節」があったことは間違いないし、その延長線上にもあった可能性がないとは言えない。

そして、①オバコの名称が、このように各地で不変であること　②オバコに近似することばのオバは、普通〝婆〟を意味し、古代芸能の重要な配役だったこと――を前提にすると、この唄の起源は

①日本書紀に出る大葉子の貞節を讃美した催馬楽からの変化説。

②中部地方・三信遠の芸能に、田遊びのなごりがあるが、その中で、子供が爺（オキナ）と姥（オバ）のもどき（物まね）演技をする。内容は作物の実りを現わすコミカルなもの。いずれオバ・ウバは田の豊作を祈る呪術・神事に関係あり、そのウバ役の子供をオバコと称したか（芸能起源）

③岐阜に見られるように、神社祭事に付随した巫女《ふじょ》の名称からでも起こったか。
——おばこ節起源説は、いずれ根本的なところから洗い直す余地を残している。

以上が小峰秀夫氏の説である。改めてその要旨をまとめると、
①「おばこ節」の歌は新潟・福島・岐阜にもあることがわかった。これらの地方では仙北同様、オバコは若い娘をさしてはおらず、方言説は消えてしまう。
②土地が変わっても「オバコ」という名が不変なのは、この歌が原形に信仰と宗教性を持っているからであり、古い祭事から生まれた可能性がある。
③オバコに近似する言葉のオバは〝婆〟を意味し、古代芸能の重要な配役だった。それを前提とすれば、この歌の起源は⑴日本書紀の大葉子説　⑵中部地方の三信遠の田遊び風の芸能に登場する姥の可能性　⑶神社祭事に付随した巫女の名称から起こった可能性の三つが考えられる。
というものである。

小峰説の検討

芸能に対する該博な知識をもとに展開された論であるが、これらを検討してみたい。

まず、上記②の、土地が変われば民謡は名が変わるのが常なのに、「おばこ節」が一貫して不変なのは、神事から発生したためだという問題についてである。

確かに地域により名称を変える民謡はある。たとえば岩手の「銭吹き歌」は宮城で「さいたら節」になり、秋田では「姉こもさ」になる。しかし、名を変えない歌も多数ある。「はいや節」「おけさ節」「追分」「ひでこ節（しゅでこ節）」「お山こさんり」等々。これらは別に信仰とも神事とも関係なく生まれた歌である。「おばこ節」も江戸時代の文政年間には特に名前がなく、「出羽節」と呼ばれていたのは『浮れ草』記載の通りである。従って、「おばこ」が神事と深く関わって発生した言葉だとは、必ずしも言えないわけである。

小峰氏は、オバコのオバは神事の姥から来ていると推定し、おばこ節の起源として三つの可能性を示した。これらについてはどうか。

一つ目は、「日本書紀」に登場する大葉子。明治四十二年の平岡専太郎説を蘇らせているのだが、大葉子は果たして「おばこ節」の起源たりうるだろうか。

「日本書紀」の中で、大葉子が登場するのは平岡説の紹介で引用したように、ほんの僅かに過ぎない。しかも、夫・伊企儺が捕虜になり、殺害された後、大葉子も捕虜になり、悲しんで「韓国《からくに》の　城《き》の上《へ》に立ちて　大葉子は　領巾《ひれ》振らすも　日本《やまと》へ向きて」という歌をうたった、ということだけである。

この歌自体、大葉子がうたった歌とは考えることができないと指摘されている。「武人の妻として、その貞烈を讃美された」と平岡専太郎は述べるのだが、多くの人々に感動を与えたという貞烈さをこの文章から読み取ることは至難の業である。催馬楽で大葉子のことが歌われたという形跡も全くなく、「おばこ節」の起源としての可能性は限りなく無に近いといえよう。

二つ目は、三信遠の田遊びの芸能に登場する姥であった。

「田遊び」とは、「稲作りを中心とした春の耕作始め（農始め）の儀礼を前提とし、中世において芸能に成長したものであり、田遊びは三河以東の東海道筋での用語であり、ほかには田打ち・種蒔き・田祭り・鍬祭り・御田植・御田《おんだ》と呼ばれ、全国に三百三十箇所余りの分布を見る」（新井恒易『農と田遊びの研究』明治書院、昭和五六年）。新井恒易氏のライフワークの集大成である同書には各地の事例が豊富に記載され、三信遠の田遊びは三十個所ほど取り上げられている。だが、その中に「姥」が登場するのは、静岡県引佐町川名の福万寺における田遊びのみであった。

川名は、山にとりまかれた百戸余りの農業の盛んな地域。村人たちは禰宜と呼ばれる十軒の世襲の家を中心に万福寺薬師堂で毎年正月八日に田遊びを行なってきた。儀式（お鍬様づくり・供物献上・つものけ飯献上・松明献火）の後、若者たちが加わってお堂の内外で芸能が始まる。その次第は以下の通りである。

①歌読（堂内で禰宜による祝詞読み上げ。後段は歌となる）

②まんぜんの舞（翁面・尉面・殿面をつけた大禰宜三人が順に舞う舞で、尉面の禰宜が一動作毎に「万歳楽」と唱えるので、「まんぜんの舞」の名になったという。殿面が舞うのは跳ぶように正面から五方に舞い、これはチントトの舞という）

③順の舞（これからが青年たちの舞で、陣笠の一人がヤンシャ、すなわち「まんぜんの舞」の翁がやっていた、正面から四方正面に二歩ずつ踏み出て戻る舞をおこなう）

④剣の舞（直面に狩衣姿の一人が剣を持って「順の舞」と同じように舞い、次いでダイナミックに舞う。次に別人が両剣の舞を繰り返す）

⑤**おんばの舞**（これが「姥の舞」である。青年一人が振袖に赤足袋、手ぬぐいをかぶり、

女郎面をつけてヤンシャ・チントトの舞を舞う）
⑥孕みの舞（「おんばモドキ」とも言う。姥と同じ女装で腹をふくらました一人が、「おんばの舞」と同様の舞を息絶え絶えに、後半は荒々しく舞う）
以下、⑦獅子舞　⑧伽藍しずめ　⑨田打ち（締め太鼓を伏せ、太鼓の面を田に見立てて、田打ちから刈り上げまでの工程を歌といささかの演技で表わしていく。これが「田遊び」の本体である）⑩汁かけ飯進上（「おぶっこ」と呼ばれる藁製の人形を小禰宜の家からおぶって来て、丁重にもてなし、汁かけ飯を椀によそって食わせる真似をする。この間、無言で進行。おぶっこは食事が終わると当番宿に帰り、一同は持参した汁かけ飯を食し、まつりは終了となる）。

確かに「姥」は登場するが、これは田遊びに翁猿楽の芸能が加わることでできたものと思われ、また、さほど人気のある役柄でもないようである。

ここの田遊びの主役は最後の「おぶっこ」、すなわちこの赤子の人形こそが稲の命の象徴であり、だからこそ異常なほど丁重なもてなしがされるのだろう。

こうした中で「おんば」が、「おんばこ」と呼ばれ、そこから「おばこ」という言葉が生まれたというのは、実証もされておらず、説得力のある説とは言い難い。

三つ目は、岐阜に見られるように「おばこ節」は神社祭事の芸能に付随することの多い歌なので、巫女の名称から起こった可能性があるということであった。

岐阜というのは、飛騨高山の近く、岐阜県吉城郡古川町数河《すごう》の松尾白山神社の例祭に奉納される「数河の獅子舞」の道行き囃子歌として「おばこ節」があることを指している。そのように、この民謡は宗教・神事から発したものであり、「おばこ」という名の有名な巫女がいて、そこから「おばこ節」が生まれた可能性があるということなのだろうが、これはあまりに不確かな、雲をつかむような話である。民俗芸能の多くは神社の祭礼時に祭りを盛り上げるために上演されることが多いものであり、そこで歌われているからといって、その歌は必ずしも宗教に由来するとは限らないのではないか。多くの流行り歌が祭りに取り入れられている例は枚挙に暇がない。

オバコの〝オバ〟は、古代芸能の重要な配役である〝婆《おば》〟から来たものであることに小峰氏は拘泥しているのだが、では、なぜ、「婆《おば》こ」が、若い娘を意味する言葉になったのだろう。その過程に何があったか。その合理的説明がない限りこの説も説得力がないと言わざるを得ない。「おばこ節」で歌われている女性はいずれも十七、八であり、老女の痕跡は全くないのである。

老女をうたうのであれば、そのまま〝婆《ばば》〟という言葉が用いられるのではないだろうか。三信遠に近い岐阜県では「おばば（お婆々）」という民謡が広くうたわれている。

おばば　どこいきゃる（ナーナーナー）
おばば　どこいきゃる（ナー）
三升樽さげて（ソーラバエー　ヒュルヒュルヒュー　ヒュルヒュルヒュー）
嫁の在所へ（ナーナーナー）
嫁の在所へ（ナー）
初孫抱きに（ソーラバエー　ヒュルヒュルヒュー　ヒュルヒュルヒュー）

これは岐阜市を中心に岐阜県南部に広く親しまれており、農村部では酒宴の座敷に欠かせない祝い歌である。しかし、これとても、その母体となったのは江戸時代後期の流行り歌だという(22)。

＊

では、「おばこ」とは一体どこから来た言葉なのか。小峰氏が早々に捨て去ってしまった方言説を、改めて検討してみたい。

「庄内地方で日常会話の中に〝おばこ〟という言葉を聞くことはできない。観光宣伝に使う場合を除けば、〈民謡〉にのみ残っている〝不思議な言葉〟です」と、NHKで長年、民謡番組に携わって来た鶴岡市在住の久保田豊氏が『民謡をあなたに』（東北出版企画、二〇一二年）で語るように、必ずしも「おばこ」という語は山形・庄内でも一般的ではないようだ。しかし、方言辞典をひもとくと明瞭に出てくる。

佐藤雪雄『庄内方言辞典』（東京堂出版、一九九二年）によれば、「オバコ」は代名詞で三つの意味がある。「①妹。次女以下の女の子の称。②末子。末の女の子。③娘。娘達。「オバコくるかやとたんぼのはんずれまででてみたば」（「庄内おばこ節」の一節）。アクセントは、①・②の場合は、「バコ」と順次高くなるが、③の場合は「バ」を高く言う」とある。

また、「オバ」の項では、「①妹。次女以下の女の子の総称。②伯叔母。③娼妓。遊女。女郎」の説明があり、『浜荻』・「遊女をおば」、「遊女の称は国々にていろいろの云習し有て其国ぎりに通ぜり。（略）おばの称も、惣領むすめをば内に残し、二番目より売出すよりして、例のおぢおばのとなへを用ゐるなるべし」の例証をあげている。

「おばこ」とは、「おば」に、東北によく見られる「こ」がついた言葉のようである。

さらに中山健『語源探求　秋田方言辞典』（平成一三年）によれば、次女以下の女の子、妹を「おばこ」と呼ぶのは「青森・岩手中通・福島会津・山形・新潟・富山」であり、〝伯母さん、または叔母さんを意味するオバコが、次女以下の女の子、末娘、娘（処女、または少女）を意味するものに転じた〟とある。

つまり、「おばこ節」の「おばこ」は若い娘を意味する方言から来たということは間違いないと言っていいだろう。

六　全国の「おばこ節」

次に、「おばこ節」は、秋田の仙北以外では、どのように分布しているかを見ていきたい。

山形県

最初におばこ節の本場たる山形県である。山形県では「おばこ節」が広範囲で伝承され、しかも旋律が多様であるということが特徴である。その中でも最も有名なのが、庄内地方でうたわれてきた「庄内おばこ」である。〔楽譜一九〇頁掲載〕

〽おばこ来るかやと　田んぼのはンずれまで出て見たば　（コバエテ、コバエテ）
おばこ来もせで　用のない煙草売りなど触れてくる　（コバエテ、コバエテ）
〽おばこ居たかやと　裏の小窓から　のぞいて見たば　（同）
おばこ居もせで　用のない婆さんなど　糸車　（同）
〽おばこ心持ち　池の端の蓮の葉の溜まり水　（同）

少しさわるてと　ころころころりと　そま落ちる　（同）

いかにも田園の雰囲気の漂うのどかで素朴な旋律で、若い娘への淡い思いがうたわれている。囃子言葉の「コバエテ　コバエテ」というのは、「来《こ》ば、えって」、つまり「来ればいいいな」という意味だという。

さらに庄内にはあまり頻繁にうたわれていないが、以下のような歌詞もある。

〽おばこ　なぼになる　この年暮れるでと　十七よ　（コバエテ、コバエテ）

十七八になって　おばこまた　なしてまた花咲かぬ　（同）

花は咲けれども　日蔭の紅葉やで　色つかぬ　（同）

そして滑稽な歌詞があるのも「庄内おばこ」の特徴である。

〽酒田山王山で　蝦《えび》コとかじかコと相撲とった　（コバエテ、コバエテ）

蝦コ何してまた　腰ァ曲がた

かじかコと相撲とって投げられて　それで腰ァ曲がた　（コバエテ、コバエテ）

これらの歌は酒田・鶴岡をはじめ庄内全域の村々で伝承されてきた。大正四年の『荘内案内記』（酒田新聞社発行）には、「おばこ節は方言歌にて、その始め、百姓の縄綯《なわな》い唄なりしが、今は荘内唯一の俗謡として一般に歓迎せらるるに至れり」と記されている。酒田・鶴岡では芸妓の舞としても盛んだった（現在では酒田にのみ、舞妓のテンポのゆったりした日本舞踊式に振りつけられた舞が伝わっている）。

一方、県南の米沢地方では「米沢おばこ」として、庄内とやや旋律は異なるが同系とおぼしき旋律のおばこ節が伝承されている。庄内とは一味違っている。〔楽譜一九二頁掲載〕

〽おばこな　燕《つばくろ》こにも　なりゃしゃんせ
　人の軒端に巣をつくらんかもめか　飛びとまらんかもめ　（はー米沢サッサ）
〽おばこな　雀こにも　なりゃしゃんせ
　裏の竹やぶに巣をつくらんかもめか　飛びとまらんかもめ　（はー米沢サッサ）

歌の最後の「巣をつくらんかもめか　飛びとまらんかもめ」の言葉は、何故かもめが出てくるか意味が通らないが、文政二年の『浮れ草』の「出羽節」の後段の歌詞、「おばこお女郎になれ、お客のお臍へとまらんかいめ、とびかららんかのめ」の「かのめ」が訛って「かもめ」になったと推測されている。

米沢では昭和の初め、地場産業である米沢織の普及宣伝のために作られた新作の歌詞もうたわれている（米沢織は江戸時代中期、上杉鷹山公の奨励により始まったという）。

〽おばこナ　何で機場を覗かせぬ
よそに気が散れゃ　主のお召しに　アリャ　傷がつく　（はー米沢サッサ）
〽おばこナ　春はいつ来て花咲かす
染めたお召しの柄と色から　アリャ　春が来る　（同）
〽おばこナ　花の盛りに　なぜ稼ぐ
稼げゃ　実になる　遊べば無駄花　アリャ　実にならぬ　（同）
〽おばこナ　何が嬉しゅうて　機を織る
主に着せたい　綾の思いを　アリャ　こめて織る　（同）

＊

山形の村山地方では「昔おばこ」（あるいは「村山おばこ」）というおばこ節がうたわれている。昭和二十七年発行の『日本民謡大観　東北篇』では、これは昭和十七年、東根温泉で同地の民謡家・縄野桃村翁が、東田川郡東《あずま》村と山添村（共に現鶴岡市）から湯治に来ていた老婆連が歌うのを聞いて習得したもので、「非常に古風なおばこ節で、恐らくはこれが一番発生当時の原調に近いものであろうと思われる」と記されている。縄野桃村は元は石切り職人だったが、仕事中、石の破片が眼に入って失明し、按摩を業としていた。もともと石切り職人時代から声自慢として鳴らした人で、「山形石切り唄」をまとめた人でもある。彼はこのおばこ節を得意として歌い広めていったが、その際、「昔おばこ」と名づけた。

〽おばこ浴衣染め　どこ町の染屋から染めてもらたなだ　（ア　コイチャヤレヤレ）
〽おばこ来るかやと　みやま田んぼのはンずれまで出て見たば　（同）
　おばこ来もやせで　蛍の虫コなど飛んで来る　（同）

囃子言葉は縄野翁が「コバエテ」から「コイチャヤレ」に変えた。そして旋律は大きくは「庄内おばこ」系であり、歌詞も庄内おばこそのまま。「これは決して古い節ではない。老婆の節が古く聞こえただけだ」という声があがり、その後「昔おばこ」ではなく「村山おばこ」の曲名が多く使われるようになったという[23]。

さて、おばこ節は最上地方でもうたわれているのだが、最上郡安楽城《あらき》村大沢（現真室川町大沢）の「大沢おばこ」を先頭にしてこの地一帯のおばこ節は曲が庄内とは大きく異なる。小節が多く、うねるように音が動き、素朴な歌というより芸謡的。技巧を要し、庄内おばこの素朴な風味はなく、旋律も異なる。〔楽譜一九二頁掲載〕

〽おばこ　なんぼになる　（ア　オバチャデ）

この年送れば　花の十七よ　(ア　オバチャデ)
〽十七、十八なって　(同)
ねなや　まだ花コなど　咲がねけな　(同)
〽咲けば実もなるし　(同)
日蔭の紅葉コで　色つがね　(ア　オバチャデ　オバチャデ)

また、最上郡金山町の「金山おばこ」になると、より山里のせいか、囃し言葉の他に歌詞も若干異なっている。

〽おばこ美しや　(コイチャヤ)
三月ご節句の　ハ　雛のようだ　(ハア　オバコデモテコイ)
腰は柳腰　(コイチャヤ)
顔つきゃ美しいや　ハ　桃の花　(ハア　オバコデモテコイ)
〽おばこどこさ行く　(コイチャヤ)
後ろの小沢コさ　ハ　ほ菜コ折りに　(ハア　オバコデモテコイ)
ほ菜コ採りもせず　(コイチャヤ)
こだしコ枕コに　ハ　沢なりに　(ハア　オバコデモテコイ)

「大沢おばこ」の安楽城村大沢は、何の変哲もない農村部で、この歌は「臼ひき歌」として歌われてきたもので、「これを歌う時は臼挽きに合うように、かつ、のぼり坂をのぼる気組みでうたえと言われたものだ」と言う。

筆者は、「大沢おばこ」は庄内おばこ系のおばこ節がこの地で大きく変容したものに違いないと推測しているのだが、その要因としてはこの地域の文化性が大きいと思う。

もともと山形県というところは上方文化の影響か、素朴な仕事歌が少なく、都会的な俗曲がかったものが好んで歌われてきた。殊に最上では「福は内」「松坂」等の祝い歌をはじめ、旋律のくっきりしない、連綿と小節の続く語り物的な歌がよく歌われている。中でも安楽城村大沢は昔、庄内方面から秋田の院内へ至る街道の宿場であり、著名な民謡として客に酒を勧める際の「あがらしゃれ」や「在郷の濁《みご》り酒」という酒盛り歌が生まれた地である。それらを聞くと「大沢おばこ」との同質性が感じられる。「大沢おばこ」の中には、間に「豊後節」なる曲を入れたうたもある。こうした音楽性がおばこ節を庄内や米沢とは大きく異なる曲に変えていったのだろうと思われる。

なお、「大沢おばこ」は、「秋田おばこ」及びその母体たる「神代おばこ」との旋律の類似が指摘されており、歌詞においても「おばこ　どこさ行く　後ろの小山コさほん菜コ折りに」や「こだしコ枕に沢なりに」など、仙北ではよく歌われているが山形の他の地域には殆ど見られない歌詞がここにあることから、両者は何らかの交流があり影響しあったのではないかということも考えられるが、今となっては探索のしようもない。

山形ではこれ以外にも、東田川郡朝日村（現鶴岡市）の「大網おばこ」などは庄内であるにもかかわらず旋律は「庄内おばこ」より「最上おばこ」に近いし、また、東田川郡狩川町（現庄内町）の「おばこ節」の歌詞は、

〽おばこ　雀子にならしゃんせかいな

家の軒《のき》ばに巣をつくれんかい　雀子にゃ鳥こかもわんかいな

〽おばこ　とっくりコに　ならしゃんせかいな

ちゃんちゃん茶釜に入らんけりゃならない　わしゃいやですよ

〽おばこ　ねずみコに　ならしゃんせかいな

庭の隅こに巣をつくらんかい

ねずみコに猫の子　かもわんせんかいな　（コバエテ　コバエテ）

という『浮れ草』の出羽節、あるいは米沢おばこを髣髴《ほうふつ》とさせるものがある。

このように山形では「おばこ節」が多様に各地に分布し伝承されてきた。

＊

さらに、「庄内おばこ」の歌には仙北がそうだったように、歌がうまれた経緯の物語がついている。

その一

東田川郡羽黒町（現鶴岡市）の二本松に、文化九（一八一二）年、おばこは林守八兵衛の長女として生まれた。十六歳のとき、父と共に笹川に移住し、茶屋を営んだ。おばこは評判の美人で三山参詣の導者たちの人気を集め、「山のバッコ煙草のむ、目元十両、口元七両」と歌われた。安政四（一八五七）年、四十六歳のとき、おばこは西国巡礼で琵琶湖で船に乗っていた折、同船していた人々の危難を救うため、投身して果てたという。

羽黒町の金澤山荒川寺にはおばこ観世音菩薩が奉安され、同地内にはおばこ供養碑もある。

その二

飽海郡遊佐町小原田の農家に梢《こずえ》という娘《おばこ》がいたが、文政年間（一八一八〜二九）のこと。晩秋のある嵐の晩、冷たい雨に打たれて疲労困憊した一人の秋田商人が梢の家に宿を乞うた。梢の手厚い看護で彼の体は回復していったが、いつしか二人は愛し合うようになった。彼が訪れる度に二人は板倉や田んぼで逢瀬を重ねていたが、両親は二人の仲を許さなかった。それを知った村人たちは、「おばこいたかやと　裏の小窓からのぞいて見れば　おばこいもせで　用のない婆さまなど　糸車」と歌いはやすようになった。それが「おばこ節」の始まりである。

同地の帝立寺境内には、「庄内おばこ節　発祥の地」という石碑と説明版が建っている。

その三

昔、鳥海おろしの吹きすさぶ山里に梢と山彦という、ふた親のない姉弟がいた。暮らしが立たず、美しい梢は酒田の遊郭に売られることになった。梢は弟との別れに臨み、「来年の盆の十六日に必ず会いに来い。軒端にホタル籠を吊っておくから」と約束し、引き裂かれるように連れられていった。一年後、盆がめぐって来たので、山彦は姉のもとを訪ねたが、そこにホタル籠はなく、姉の姿も見られなかった。誰が歌い出したか知れぬ「おばこいたかやと　流しの障子窓からのぞいて見たば　おばこいもせで　用のない婆さまなど糸車」の歌は、山彦の気持ちをうたったものだと伝えられている。

その四

庄内の酒井藩主が鶴岡に入部した元和（一六一五〜二三年）の頃、ある藩士の下僕が、妻を失った悲しみから「おばこ来るかやと　裏の田んぼさ出て見れば　おばこ来もせず　蛍の虫こなど飛んで来る」とうたった。それが「おばこ節」の始まりである。当時、藩士の邸内で俗謡をうたうことは禁止されていたが、この下僕の事情は知れ渡っていたので特に許され、やがてこの歌は町家に伝わり、替え歌もできて広く歌われるようになった。

勿論これらは「おばこ節」の発祥としては信ずるに足りない話ばかりである。ただ、文政二年の『浮れ草』に出羽節として「おばこ節」の歌詞が記されているように、この地では古くから「おばこ節」が歌われていたのは確かと思われる(24)。

新潟県

大正三（一九一四）年に文部省の編集で発行された『俚謡集』の「新潟県」の中に、「をばこ節」が収録されている。

〽をばこ徳利になれ、ちゃんちゃん茶釜へはいらんか。のめの（のめぬ）、のみか（のむか）、のめ。

〽をばこ何故か来《こ》ね。風こでも吹いたがやと案じられる。風も吹がねども、よぎしろ

（雪汁）の水が出て、渡り止まった。（北蒲原郡）

越後地方では今もこの歌が伝承されているのだろうか。

「おばこ徳利になれ」の歌詞は既述のように山形県東田川郡狩川町にあり、また「雪しろ水」のほうは、おなじ『俚謡集』の「山形県」の中に

〽をばこ　なんぼにならしゃんす。この年暮らせば、をばこ十七だ。

十七、河原の雪つろ、水（雪融の出水）がでて、をばこ、止またどさー。（北村山郡）

が見える。さらに同書、「福島県」の中にも

〽をばこ　なぜ来《こ》ねゃ。雪しろ水が出て舟とまった。（耶麻郡）

がある。

民謡研究家・浅野建二は、「元来『おばこ節』は越後新潟辺から発生したもの」と推測している(25)。

秋田県

秋田県では、仙北以外に殆ど唯一伝承されているのが、由利郡直根《ひたね》村（現由利本荘市鳥海町）の「直根おばこ」である。鳥海山北麓のこの地域一帯は、江戸時代の初期、京都醍醐

三宝院末の修験、本海行人がもたらしたといわれる番楽《ばんがく》が盛んで、人々は生活の中で豊かにこの芸能を享受してきた。番楽は獅子舞を中心に式舞・神舞・武士舞・女舞・道化舞等があるが、直根地区の「前の沢講中」にはそれらの他に「空臼舞《からうす》」（別名「もちつき」）という演目がある。

これは四人の若者が、棒（杵の象徴であろう）を手にして、臼をまわりながら、臼の縁や側面を叩いたり、跳び上がって互いに激しく打ち合ったりする活発な舞だが、その際、「長坂節」と呼ばれる古風な「しゅでこ節」などの民謡と共に歌われてきたのが「おばこ節」だった。歌はまだ激しく打ち合う前、臼のまわりをゆっくりと回る際にうたわれるが、曲は軽やかでリズミカル、歌詞も独特のものがある。〔楽譜一九三頁掲載〕

〽おばこァ長い袖　私はすとんと惚れたでァす
惚れるにァ惚れたども　心こちっちゃくて　言いかねた
〽おばこ　このじょァ見えぬ　風邪でもひいたかやと案じられる
風邪もひがねども　親たち厳《きんび》しくて出はらえね
〽今の十五や十七つ　芋の子なんぞの葉の露だ
少しさわると　ころころ転んでそばに寄る　(26)

青森県

青森県では津軽平野の南部、南津軽郡平賀町広船（現平川市）に「広船おばこ」がある。広船はリンゴ栽培の盛んな地だが、珍しい民謡もいくつか伝承されており、おばこ節もその一つ。曲調は庄内おばこよりもっと素朴で単純。ユーモラスな歌詞でうたわれ、後段は囃し言葉風になる。〔楽譜一九四頁掲載〕

〽おばこ　何ぼになる　この年暮らせば二十一に
あまり年ァいってどうする べ　私も年ならあまりしまい　おっちょこちょいのちょい (27)

福島県

福島県では会津地方（「会津おばこ」）、安達郡、相馬地方（「相馬おばこ」）など広域でおばこ節がうたわれているが、『東北民謡集　福島県』（日本放送出版協会、昭和三八年）を手がけた民謡研究家・武田忠一郎によると、「いずれも『庄内おばこ』の種類である」。

「会津おばこ」は会津若松市でもうたわれたが、昭和五十四、五年に行なわれた「民謡緊急調査」では、新潟県と境を接す全国有数の豪雪地帯である奥会津の大沼郡金山町西谷の「金山おばこ」が収録されている。そのあたりは江戸時代、幕府の直轄地で「南山御蔵入」であったため、「お蔵入おばこ」という別名もある。〔楽譜一九三頁掲載〕

〽おばこいくつに　なりゃりゃんす
　この年くらせば　ちょいと十七だ　（ア、コッチャヤレ、コッチャヤレ）
〽おばここっちに　向かしゃんせ
　白地の手拭い　ほおかぶり　（同）
〽おばこどこに　行かしゃんす
　下関の新田畑《しんでんばた》に　豆まきだ　（同）

同地では、酒宴などでうたわれてきたという。

また、中通りでは安達郡石井村鈴井（現二本松市）の田植踊りの中にある。鈴井では小正月、家々をまわって七福神舞と田植踊りが連続して舞われた。最初に七福神舞があり、続いて早乙女や奴たちが春先の田耕《たうな》いから秋の取り入れまで二十曲ほどの踊りを踊る。その合間に余興として、八木節・安来節・おばこ・おけさ節などの手踊りが挿入されることがあった。

〽おばこ　どこさ行ぐ

本絣《ほんかすり》の前掛けなんど　チョイとしめかけて　（アッチャモヤレ、コッチャモヤレ）
〽おばこ　どこさ行ぐ
裏の小畑さ　豆植えに　（同）(28)

相馬地方は福島県の中で最も民謡の盛んな地域だが、「民謡緊急調査」には相馬市中村の「相馬おばこ」が収録されている。

〽おばこ　なんぼになりゃさんす
この年暮らせば　ただの十七だ　（オバヤレ　コチャヤレ）
〽おばこ豆腐に　なりゃしゃんせ
ぼちょこれ手かごに　はいらんかのめの　はいかからんかのめ　（同）
〽おばこ蝶々に　なりゃさんせ
青葉の小枝に　とまらんかのめの　とびかからんかのめ　（同）

これは祭礼や祝儀の折にうたわれてきた。

さらに南相馬市鹿島地区の鹿島御子神社では、十二年毎にお浜下り（春先、神輿をかついで海浜にくだり、潮垢離を行なう祭礼行事。そのことで神は力を高めて作神となって里へ下りて来ると信じられてきた）をするが、それに奉納する子どもたちの手踊りとして、相馬二遍返し・相馬流れ山等と共に、伊勢音頭・おばこ・あいや節・八木節等の曲目がある(29)。

浜通りの南端に近いいわき市江名では、夏の諏訪神社祭礼に「江名の三匹獅子舞」が奉納され、五穀豊穣・家内安全・大漁祈願等を願って地区の十六ヵ所で舞われる。その演目の中に「おばこ」がある(30)。

「おばこ」は大獅子・中獅子・雌獅子の三匹が豊作を喜ぶ様を表現する踊りといわれ、「おばこ節」の歌がつく。

〽おばこよ　蝶々になりゃしゃのせ
菜種の芯ぼに　止まりゃのせ
〽おばこよ　幾つになりゃしゃのせ
この年過ぎれば　十七よ
〽おばこよ　来るかやと
田んぼのはずれまで　出てみたが
〽おばこよ　来もせで
用のない煙草《たんばこ》売りなど　ふれて来る

また、江名から北へ数キロのいわき市平下高久の、八幡神社と八剣神社の秋の例祭に奉納される「高久獅子舞」も三匹獅子で、六演目の中に「おばこ」がある。竹内勉『恋の歌垣　ヨサコイ・おばこ節』（本阿弥書店）によれば、「おばこ」は三番目で十五分ほど。「三匹の獅子が、二段傘仕立ての「花笠」を二本立てた周囲を、八の字形に踊り廻るもの」。

歌詞は「江名の三匹獅子舞」と同様。獅子は腰を低くし前傾で足を大きく踏み込む振りが多い力強い舞で、しばしば「ハ、ヨッショ！」のかけ声もかかり、詞のニュアンスとは全く無関係に推移する。

宮城県

『東北民謡集　宮城県』（日本放送出版協会、昭和三四年）に伊具郡藤尾村（現角田市）の「おばこ節」が掲載されている。

〽おばこ　何して来なかった
　風邪《かんぜ》コでもひいたかやと　案ずてた　（ソッチャモヤレ、コッチャモヤレ）
〽風邪コなどひかねども

親だち厳《きんび》しくて　かごめかひどりだ　(同)

武田忠一郎は、〝これは福島地方のおばこ節が、阿武隈川を下って角田へ伝わったものと想像される〟と記している。囃し言葉の「ソッチャモヤレ、コッチャモヤレ」は、二本松市石井の田植踊りのおばこ節のそれと殆ど同一である。二番の歌詞の後半は、庄内では「親たち厳しくて、籠《かご》の鳥」とうたっていたのが、それに古い歌の「飛びとまらんかもめ」系の言葉がまじりあって意味不明の「かごめかひどりだ」になったと思われる。

岩手県

岩手県の最南端、西磐井郡真滝村(現一関市)の『眞瀧村誌』(大正五年発行)の「第十二章　風俗・習慣」の「俗謡」の中に「おばこぶし」が見える。

一、おばこァなんぼになる、此の年暮せば　只の十七
一、おばこァどこさ行く　下町はじれさ豆引きに
　　豆ば引くもせず、あんこだの袖なんど　引きたがる
一、おばこァえたかと　裏の小窓からまがってみたりゃ
　　おばこえもせで　となりのばーこなんど　麻をうんでだけ

その前後に掲載されている歌は、「愉快ぶし」（明治二十七・八年流行）、「相馬節」（同）、「トコトンヤレナ」、「さのさ節」（明治三十二・三年頃）、「らっぱ節」（明治三十八年頃）、「どんどん節」（明治三十年〜大正二、三年頃の両度）等があげられている。「おばこ節」も明治半ば以降によくうたわれたのだろうか。

東京都

江戸時代の文政五（一八二二）年に、歌舞伎作者・松井譲屋が編さんした『浮れ草』の中の、当時の代表的な流行り歌を集めた「国々田舎唄の部」に「出羽節」として、おばこ節の歌詞が四首収録されていたことはすでに述べた。

藤田徳太郎「民謡が流行歌になった例」（『近代歌謡の研究』勉誠社、昭和六十一年）によれば、幕末期に流行り歌を集めて相撲番付けのようにした「江戸の花　はうた」の中に、「おばこぶし」は、「おいとこそうだよ」「おけさぶし」「あづみぶし」「きそぶし」「さんさしぐれ」「いよぶし」等々と共に名前が載っているという。当時は「出羽節」ではなく「おばこ節」と呼ばれていたことが知れる。

また、五代目尾上菊五郎（天保十五年生〜明治三十六年没）が市村羽左衛門を名乗っていた

文久２年「おばこ節」を歌い踊る市村羽左衛門（早稲田大学演劇博物館所蔵　101-6868）

時代に、願人坊の姿で「おばこ節」を歌い踊っている錦絵が残っている(31)。絵師の名は一魁斎芳年、すなわち月岡芳年である。五代目が市村羽左衛門だったのは七歳・嘉永四（一八五一）から十八歳・文久二（一八六二）年までである。十七歳だった文久元年には河竹黙阿弥の「白波五人男」の弁天小僧菊之助が大当たりとなったが、この絵は文久二年八月のもの。面長の顔が少年の初々しさを残している。

扮装は、「坊主頭に豆絞りの手拭いの鉢巻、素肌に麻の葉模様の腹巻き。手に阿保陀羅経に用いる木魚を持ち、足を大きく揚げた軽妙な振りの絵である」（仙台中央放送局『東北の民謡』、昭和十二年）。これは歌舞伎の中幕で、当時流行っていた各地の俗謡を歌い踊っていた姿だと伝えられる。歌詞も人物象のまわりに描かれている。

〽おばこ来るかやと　田甫のはしこまで　出て見れば

おばこ来もせで　蛍の虫こなんぞ飛んでくる
〽見たことときいたことしゃべねども　しゃべるにがっちゃしかられる
〽おばこ居るかやと　のれんの破れからのぞいて見れば
おばこ居もせで　隣のぢぢこなんぞ茶このんで
〽相のナア山ではお杉にお玉
〽島さん紺さん中のりさん
〽お江戸さんには袖や袂にゃヤンレイ取すがり　ヤアトコセイ　ヨイヤアナ
〽アリャリャ　コレハイサノヨ　ササ　ナンデモセイ
〽天下泰平　国は安穏　お目出たや

これは『浮れ草』の「出羽節」と同様の歌詞であり、後半それに伊勢音頭が続き、ひと続きのものとして歌い踊られていたのだろう。

東京では、伊豆大島の北の港町、岡田にも「岡田おばこ節」が伝承されていた(32)。大島では各社のお祭りに舞踊を奉納するのが習いだが、岡田でも一月十五、十六日の岡田八幡神社の祭礼に若い衆の手踊り歌が奉納されてきた。青年たちは黒や藍系統の着物を着て、ゆったりとした、いかにも海洋民を思わせる波のような動きで踊りを踊っていくのだが、その歌の数が途方もなく多い。昭和三十七年に書きとめられた「古歌」の綴りに収録されている歌は約三百。序文に「私たち祖先が当時、日本海を遠く北海道までも通った北前船や太平洋岸を航行した南部通いの帆船に船頭や船方として乗り込み、各地の港々で習得し持ち帰ったもので、又出稼人、旅芸人、レコード等で伝えられたものもありますが、夫々に当時の村の歴史の一端が偲ばれます」と記されている。

「岡田おばこ節」の歌詞は九十七番目に掲載。

おばこなんぼになる　この年こゆれば十ヨ七だ
十七おばこどの　なんじょで花に咲かぬとや
咲けば実もヨなる　日なたの紅葉で色がよい
おばこゆすり餅　こたえよと思えばこたいられぬ
十七おばこどの　真実うまくて　こたへられぬ

収録されている歌は、古くは江戸時代中期頃のもの。昭和になってから全国的に有名になった民謡も二十数曲あるが、それらは最後のほうにまとめられている。

岐阜県

岐阜県の北部・飛騨地方の、吉城郡細江村数河（現飛騨市古川町数河）は、標高九百メートルの山村。この上数河の氏神・白山神社、下数河の氏神・松尾白山神社の九月の例祭に「数河《すごう》の獅子舞」が奉納されているが、この獅子舞の道行き囃し歌として「おおばこ」が演奏されている(33)。〔楽譜一九五頁掲載〕

〽おばこ来るかやと、上《かみ》の田圃の中の町《ちょう》まで出て待てばヨー
おばこ来もせず、上の田圃の中の町でヨ、ちょろけていたヨー
〽見たこと聞いたこと話しゃるな、話すと親父に叱られるヨー
〽下の田圃えーの獅子が出たヨ、みんな追え追え、音あげてヨー

『日本民謡大観　中部篇（中央高地・東海地方）』のこの歌の解説で、町田佳声は「以上の道行き囃し歌は歌詞・曲節共に山形県庄内地方の「おばこ節」と殆ど同じである」と記

している（なお、同書ではこの歌の曲名を「大葉子」としている。この獅子舞が大宝年間に新羅からもたらされたという由来を持つことから、平岡専太郎説が取り入れられたものであろう）。

この後、二人立ちの獅子が現れて、一段目・曲獅子（逆抱き・肩車等の曲芸）、二段目・天狗獅子（二頭立ちの獅子に、天狗面の獅子あやしがつき、あやしも曲芸的演技をする）、三段目・金蔵獅子（あやしが金蔵と呼ばれる醜男とおかめになり、特に金蔵は盛んに曲芸的演技をする）の三段構成で演じる。総じて非常に活発で躍動的な獅子舞である。

数河から南へ十数キロ下った吉城郡国府町広瀬には「金蔵獅子」があり、四月下旬、上広瀬・金桶・広瀬の三集落の氏神の祭礼に奉納されている。獅子あやしの金蔵は天狗面をつけ、盛んに跳びはねながら一人立ちの獅子にからみ、もう一人の獅子あやしのおかめもササラを摺ってそれにからむ。

囃子は笛・太鼓だが、舞が始まる前に意味不明の歌がうたわれるという(34)。

おばこくるかようとうとうと　ばっからせいの　やいのやりほこなんぞで　しゃれて
くるかようとうと

これは明らかに「おばこ節」の変形である。

また、国府町名張の「飛騨名張の台獅子」も、道行きのあと「おおばこ」という曲が演奏されている(35)。

富山県

岐阜県の飛騨と県境を接する富山県の秘境、五箇山地方。南砺市利賀村上百瀬の「上百瀬の獅子舞」は雌雄二頭立ての金蔵獅子で、五月五日、上百瀬神明宮の例祭に奉納されるが、演目の中にに「オバコ」がある。歌はついていないが、囃子の旋律は「数河の獅子舞」の道行き囃し歌「おばこ」と同様である(36)。

また、中新川郡立山町宮路の「宮路の獅子舞」も金蔵獅子だが、ここでは花笠の少女四人による古風な手踊りの「おばこ」が付いており、獅子舞の合間に単独で踊られる。

「金蔵獅子」は岐阜の飛騨地方と富山県に分布する二人立ちの獅子舞で、天狗面の金蔵とおたふく面のおかめが獅子あやしとなって登場する活発な舞で、獅子は聖獣ではなく、人間の生活を妨げる邪悪獰猛な悪獣とされ、金蔵が獅子と戦い、屈服させる展開となっているのが特徴である。その囃子にしばしば「おばこ節」が入り、中には付属芸能として「おばこ」の踊りがついているところもある。

数河の歌詞を見ると、『浮れ草』の「出羽節」の系統と思われる。つまり、金蔵獅子を持ち伝えた芸能集団が、江戸経由の「おばこ節」を取り入れて獅子舞を伝播したのではないかと想像される。

考　察

以上、全国の「おばこ節」の分布を見て来た。いくつか気のついた点を挙げてみる。

①「おばこ節」の大きな発信地は山形、次いで江戸であり、予想以上の広い分布を見せている。

②山形では酒田・鶴岡の芸妓の舞を除けば殆ど歌としての伝承であるのに対し、各地では手踊りがつき、さらにはその地の民俗芸能に取り込まれるなど多彩な形態で伝承されてきた。

③江戸での「おばこ節」は内容的な面にはさほど関心が注がれず、単なる流行り歌であった傾向が見られる。また、各地の「おばこ節」も流行り歌の一つとしてもたらされ、さほど大きな変化をせずに伝承されてきたと見受けられる。

④この歌を伝播したのは、旅芸人、宗教芸能者、飴売り等の行商人、馬方、船乗り、その

他の人々であったろう。

この上で、秋田・仙北でのこの歌のあり方を見直してみたい。

第一に、「わが村こそ、おばこ節の発祥地だ」と競い合うほど、おばこ節が土地に根づき、盛んに歌われ、歌詞がいくつも生まれた地域は、全国、他にはない。

なぜ、そうした状況が生じたのだろうか。おばこ節がこの地の人々の好みに合った歌だったというだけではない理由がそこにあったに違いない。その一つとして、もたらされた歌が他と違っていたのではないか。すなわち、仙北に入って来たおばこ節は、いくつもある流行り歌の一つではなく、唯一無二の、人々の心を大きく動かす歌だった。それは旅芸人ではなく、やはり庄内の息吹を色濃く反映した庄内の人たち自身の歌であった（「庄内おばこ」の歌詞が多数伝承されていたのも、仙北だけである）。

伝播者として最もその可能性のあるのは馬喰だった。しかし、仙北が秋田でも有名な馬産地であったとしても、馬市は秋田のほうぼうで開かれていた。庄内の馬喰が仙北北部にだけ庄内おばこをもたらしたのは、そこに歌を披露し、歌で交歓しあえる最適の場があったこと、すなわち、この歌の場の有無が決定的だったのではないかと思える。

七 「秋田おばこ」の誕生

前章で全国各地に広まっている「おばこ節」を概観したが、これらの曲は、地域によって多少ニュアンスが異なるとはいえ殆どが「庄内おばこ」に似通った、素朴で比較的おとなしい、単純な旋律のものである。仙北の北部で盛んに歌われていた「おばこ節」も、ある時期まではそれらとさほど変わらないものだった。

ところがそこへ突然変異のように、テンポが速く音域が広く、かつ技巧的で華麗な「秋田おばこ」の歌が出現したのである〔楽譜一八八頁掲載〕。歌い手は佐藤貞子という農家の女性。いったい、そこに何があったのかを考えてみたい。

佐藤貞子は、「四 『おばこ節論争』の背景と要因」で述べたように、明治十九（一八八六）年生まれで幼い頃から近所でも評判の歌い手だった。父・清賢はおやま囃子の師匠で笛の名手、姉イトも手踊りに秀で、貞子が二十歳の頃からは家族で一座を組み近隣を興行でまわりだした。

「秋田おばこ」は佐藤貞子が歌い出した歌だが、彼女自身が曲を創り変えたわけではない。貞子は「父がこう歌えと吹いた笛の旋律をそのまま歌っただけだ」と語っていたというし、そのことは、昭和十八年の町田佳声の調査でも明らかである。角館町西長野の神主・佐藤友也翁（明治三十三年生）は、神楽の笛を担当すると同時に西長野の熊堂番楽の笛の奏者でもあり、笛は貞子の父・清賢（笛王斎と号していた）の弟子だった。その彼が、「貞子の節は、笛王斎の「おばこ」の笛をそのまま唄にしたものだ」と町田佳声に語っている(37)。町田佳声はその後に、「なるほど今の「秋田おばこ」の節が上へ上へと上昇的に飛躍するのも元をただせば笛の節なればこそであった」と記している。

問題は、なぜ貞子の父・佐藤清賢（笛王斎）が、「おばこ」の曲を大きく変えたのかということである。それは角館祭りと大きく関係しているのではないかと思われる。

角館祭りとおやま囃子

角館町は中世末の応永三十（一四二三）年に戸沢盛安が小松山（現在の古城山）に館を置き、その北側に城下町を築いた。江戸時代になり戸沢氏は国替えで去り、慶長七（一六〇二）年、水戸から秋田藩の新しい領主・佐竹義宣が入ってくると、角館は義宣の弟・芦名義勝が治めることとなった。義勝はそれまでの町は地の利が悪いと判断し、元和二（一六二〇）年、古城山の南側に新しい城下町をつくった。同年は「一国一城令」で角館城が破却された年でもある。

新しい町は、古城山の南麓に芦名氏の邸を置き、その南に武士の住む町（内町《うちまち》）、火除け地（幅二十メートル、長さ三百メートル弱の空き地）を経て、更にその南に商人や職人の住む町(外町《とまち》)が造られた。当時の町割りと道路は四百年たった現在も基本的に変わっていない。

やがて芦名家は断絶し、明暦二（一六五六）年、佐竹氏の一族・北家の佐竹義隣《よしちか》が角館の新しい支配者となった。以降、江戸時代が終わるまで北家の支配は続く。

角館は、穀倉地帯である仙北平野北部の中心地であると共に、周囲は奥羽山脈など山々に囲まれ山の幸も豊富であり、かつ、隣藩・南部領とも境を接す交通の要衝で、この地方の政治・経済・文化の中心地として栄えた。

角館祭りは、この町で行なわれてきたこの地方最大の祭りである。江戸時代中期までは、佐竹北家の祈願所である鹿島神社の「鹿島祭り」が町最大の祭りで、人形を乗せた鹿島船が出て城主の子息や、武士や足軽も見物したと「北家日記」の記録にあるが、明和七（一七七〇）年の記録を最後に鹿島祭りの記述は姿を消す。代わって登場するのが、芦名時代からの氏神・薬師堂と、角館の鎮守として信仰された神明社（伊勢堂）の祭りで、これらは外町の祭りであり、祭りの主役は町人となった。

寛政十一（一七九九）年八月の薬師堂の祭礼には、「町方より飾山四十ばかり出る」という記録がある。この飾り山は、神を降臨させ、人形などで飾った小山で、町内をまわったと考えられている。文政元（一八一八）年には「祭山」と「踊山」、天保九（一八三八）年には「吊山」の記述が出てくる。「踊り山」は飾り山とは別の、芸妓等の踊り子たちのみが乗った山と目されている。「吊り山」は、高さ十～二十メートルに及ぶ飾り山を百人近い人数

角館町飾山古図
（『日本民俗芸術大観　第一輯』より）

でかついでまわるもので、後に「かつぎ山」と呼ばれたもの（山が倒れないよう山の上から八本の支え綱が垂れていたので吊り山と呼ばれた。当然、その綱を引いて歩く人々を要した）。

このように、町人の力の台頭と共に、祭りもより盛大になっていった。その時期は全国的な趨勢と同様、文化年間から天保の頃と見られている。

明治初期、それまで別個に行なわれていた神明

社と薬師堂の祭りは、神仏分離等があって同時期に行なわれるようになり、一日目が神明社の宵宮、二日目が神明社の本祭り・薬師堂の宵宮、三日目が薬師堂の本祭りという日程になった。

やがて明治二十年代前半になると、電話線が引かれ始めたので、「かつぎ山」から車をつけた「曳き山」に変わるところが出てくる。両者はしばらく混在していたが、明治四十三（一九一〇）年に電灯線が張られることになり、その前年にかつぎ山は姿を消した。こうして角館祭りの曳き山は現在のような高さ数メートルの姿になって今日に至る。

さて、これらの山には、囃子がついて運行の際に演奏されてきた。囃子は山に命を吹込むものとして重視されている。楽器の編成は、大太鼓一、小太鼓二、鼓一、笛一、摺鉦一、三味線一。

曲目は大きく三つに分けられる。

（一）ヤマが動く時の曲として、①上《のぼ》り山囃子（別名、大山囃子）―社堂や張番等目的地へ向かう際に演奏　②小山囃子―昔、個人で出す小さな飾り山が目的地へ向かう際に演奏された曲　③下《さが》り藤―ヤマの方向展開の際に演奏　④道中囃子（別名「下り山囃子」）―目的を達したヤマが帰る時のテンポの速い曲　⑤狐拳《きつねけん》―ヤマが止まっている時の曲　⑥

荷方囃子─同じくヤマが止まっている際に演奏の曲　⑦六法─同上　⑧神楽囃子─急テンポで演奏される曲　⑨寄せ─ヤマの動きが始まることを周囲に知らせる曲　の九曲がある。他地域の山車の囃子に比して大変多い曲数である。

（二）社堂への奉納曲として、①拳囃子《けんばやし》─扇を手にした格調高い踊りがつく　②二本竹─片足立ちで手を前後に出す小気味よい踊りがつく　の二曲。

（三）余興の曲（ヤマが町内をまわり、各家々の玄関前で見せる踊り）として、①秋田甚句　②秋田おばこ　③おやまこ　④かまやせ　⑤おいとこ　⑥組音頭　⑦仙北音頭（秋田音頭とほぼ同じ曲）　等々がある。

これらは歴史的に形成されたものであり、当初からこれほど多かったわけではない。荷方囃子は明治の半ば以降、盲目の三味線名人・西宮徳水が荷方節の民謡をもとに創作したものだといわれるし、余興の「おやまこ」「おいとこ」などは幕末、江戸で流行っていた歌であり、奉納曲の「拳囃子」も同じく江戸の流行曲が伝播してきて、この地で独自の色合いをなしたものである。

そして、ヤマを出すのは角館の各町内だが、囃子方と踊り手はいつの頃からか、周辺の農村部の人々が担当するのが慣いとなってきた。

このおやま囃子は、いつできたのか、よくはわかっていないが、それを創始した者として語り伝えられているのは、小沼《こぬま》のおんち太夫という人物である。小沼は仙北郡豊岡村（現大仙市豊岡）の、平安時代初期に創建された見事な木造の観音像があるところ。角館町からは南東方面数キロの山がちの農村部である。

神代のおやま囃子師匠だった津島留吉によれば（「郷土芸能を支えた人々」北浦史談会『石ころ 第十三号』昭和五十二年）、おやま囃子の大師匠の初代は「藤沢おんち太夫」で、彼は明和三（一七六六）年五月生まれで、文政十（一八二七）年八月没、享年六十三。同時におんち太夫はおやま囃子手踊りの「踊振付大師匠」の初代でもあったと記している。

ちなみに振付大師匠の二代目は、「娘　藤沢おとら」で、天明三（一七八三）年十月生まれ、安政二（一八五六）年十二月没、享年七十二と記述。

ただ、佐藤貞子の姉イト（明治十三年生まれ）は、手踊りを藤沢トラに習って「三代目振付大師匠」になっているのは確かなので計算が合わず、二代目の生没年は実は不確かである。

小玉暁村は、おやま囃子の手踊りについて、「この踊の系統は、仙北郡豊岡村の俳優藤澤圓蔵の養女トラの改良した手振りによるもの」と(38)、藤沢おんち太夫は藤澤圓蔵という名の俳優、すなわち歌舞伎役者であったことを記している。

歌舞伎役者である藤沢おんち太夫が、おやま囃子の原形となる囃子を創始し、かつ踊りも振りつけたという伝承である。

一方、角館町の郷土史家・吉成直太郎は、北家の家臣の間では能楽が盛んで、おやま囃子はそこから生まれたとする（『角館誌　第四巻』の「角館の芸能」、昭和四十四年）。

〝「角館乱舞中興記録」に、おやま囃子は西宮弁之助の手になったとある。喜多派の謡曲のほか長唄など芸能をよくした弁之助は大鼓《おおつづみ》の名手でもあり、彼が中心になって、文政・天保の頃、おやま囃子を創作したと考えられる〟と。

従って、おやま囃子は誰がいつ、どのようにして創り出したのかは不明である。が、一人で総てを創り出したとは考えられないので、おんち太夫と西宮弁之助が時をたがえ、それぞれ大きく関与していたということはありえよう。

さて、津島留吉「郷土芸能を支えた人々」によれば、おやま囃子大師匠の二代目は、「角館町白岩広久内　草彅利右衛門」とある。彼は文政八（一八二五）年十二月十日生まれで、明治二十六（一八九三）年三月三日没、享年六十八（おんち太夫の没したのが文政十年とあったので、またしても計算があわない。娘おとらの活躍期間のことも考慮すると、おんち太夫の生没年はもっと後の年代にずれこむのではないだろうか)。利右衛門は「おばこ節」の歌詞をいくつも創作した人物と伝えられていることは既に述べた。

そして、おやま囃子大師匠の第三代目として記されているのが、「神代字六丁野　佐藤清賢」である(39)。

笛の名手・佐藤清賢

おやま囃子大師匠の佐藤清賢

佐藤清賢は安政五(一八五八)年六月二十三日生まれ、昭和三(一九二八)年十二月十日没、享年七十歳である。幼名は嘉一郎。幼い頃、母トヨが桧木内の人と離婚して里へ戻り、やがて隣の六丁野部落の「清兵衛家」の佐藤清左衛門と再婚したので、嘉一郎はトヨの連れ子として清兵衛家に入った。清兵衛家は、後に家運が傾き四、五反歩の農地になっていくが、かつてはかなりの田んぼを持っていたと推測されている。

温厚な養父・清左衛門のもと、嘉一郎は読み書き算盤が堪能な利発な少年として育っていく。彼が白岩広久内の草彅利右衛門のもとへ通って横笛を習い始めたのは、十四、五歳の頃だったろうと考えられている（六丁野から広久内までは、片道七、八キロ）。嘉一郎は激しい情熱的な気性だったらしく、青年期に見染めた相手が一人娘だったため、彼女の両親が大反対だったのを、大蔵観音に願をかけ、寒中、水垢離をとるなどして熱烈に働きかけ、ついに反対を押し切って一緒になったという逸話も残されている。

清賢筆の奉納額（仙北市田沢湖小松）

やがて生まれたのがイト（明治十三年生）とサダ（明治十九年生）の二人の娘。農業の傍ら、役場に勤め、村でも一目置かれる存在だったが、芸能への精進は一方ならず、特に横笛では抜群の腕前に達する。姉娘のイトには当時有名だった踊りの師匠・小沼の「お虎こ」を呼んで踊りを習わせた（そばで坐って見ていた妹のサダは、姉より早くそれらの踊りを覚えたという）。

嘉一郎改め清賢は、芸能に精魂を傾け、同時に家業の農業はおろそかになり耕作面積も減少し、ついには芸能中心の生活になっていく。近隣を家族でまわる興行は明治三十九（一九〇六）年頃から始まり、踊りや笛太鼓等を地元神代はじめ各地で教える芸能指導も盛んに行なっていく(40)。笛の名手として音に聞こえた佐藤清賢は「笛王斎《てきおうさい》」と名乗り、角館祭りでも囃子方の中心人物になっていくのだが、さて、「おばこ節」の旋律はいつどのようにして変化したのだろうか。

民謡研究家・竹内勉は、桟敷踊《さじきおど》りの中だとする（『恋の歌垣　ヨサコイ・おばこ節』本阿弥書店、二〇一一年）。

「桟敷」とは仮設舞台のことである。角館の道路に面した商家では、道路に面した座敷に、祭礼で訪ねてきた客や、町内で商取り引きのある人たちを招き入れ、酒肴でもてなす「御接待《おせったい》」という名の宴席を設けた。

さらに、一階の道路に面した庇《ひさし》を利用して、その上に仮設舞台を作り、紅白の幕で飾り立てると、二階の部屋がちょうどそのまま舞台の袖となり、楽屋にもなった。この舞台は一種の「貸し舞台」で、その家とかかわりのある人ならば誰でも、その上で自分の芸を披露することができた。

そのため、この桟敷では「飾山囃子《おやまばやし》」から近郷の農村部に伝わる民謡まで、なんでも演じられた。その中で、見物客たちの人気を集めたのは、娘たちによる「手踊り」であった。評判の桟敷の前には黒山の人だかりができる。その桟敷をもつ家は大変な名誉で、それだけに、御接待をする家では、見物客の集まるような評判の芸をもつ人たちに来てほしくなり、出演を願うようになった。

そうなれば、一日芸能人になっている農村部の芸達者たちは声を掛けてもらおうと腕を磨き、新しい演目を捜し、それに「娘手踊り」を加えて、見物客の喝采を集めようと工夫を競いあった。そのために、角館の桟敷踊りに取り込まれた種々の歌の中に、秋田県仙北地方に伝わっていた民謡も含まれていたのである。

ところで、当時の角館では、楽器を扱うのは、飾山囃子の囃子組の人たちだけである。そのためどんな歌にでも三味線・笛・太鼓・鉦の伴奏を用い、娘手踊り用に仕立てた。その結果農村部に伝わる民謡は明るく、賑やかで、軽快な踊り歌仕立てになっている。それは「祭礼用」だったためである。その中にのちの「秋田おばこ」も含まれていた。

そして佐藤清賢は桟敷での娘手踊り用に、地元神代に伝わるおばこ節を笛中心に編曲し、娘・佐藤貞子に歌わせたのだとする。

貞子の「秋田おばこ」のレコード歌のテンポの速さは、「桟敷踊りの踊り手、すなわち娘手踊りをレビュー的に派手に軽快に、弾んで踊らせるためだった、そのための速間《はやま》だったのである」。

明治時代の角館祭礼の桟敷踊りについて、これだけ詳しく記されたものは他になく、まずもって、竹内氏に敬意を表したい。「秋田おばこ」等が娘達の手踊りを引き立てるものとして、おやま囃子の奏者たちの手によって発展させられたものであることなど、大筋では筆者も賛同する。

ただ、いささかの疑問もあり、「おばこ節」の変化は、もう一つの可能性もあるのではないかと考えるので、以下、そのことを記してみたい。

疑問というのは、一つは、佐藤清賢は角館祭りのヤマの囃子手の中心人物だったことである。祭りの本領は何といってもヤマであり、それに携わることのできる囃子手は今では考えられないほどの名誉であった。小玉暁村は書きとめている。

私はおやま即ち舁《かつ》ぎ山時代、囃方に出た近在の古老を訪ねて当時の状を聞いて見ると、お山は年に一度の祭典に丁が熱誠をこめての捧げものであるから、親方衆の兄ンちァだって皆舁ぐに出たもので、従って囃方も桟敷に出るなどとは違い、これに出ることを芸術上非常の名誉とし、お山入りには酒や餅を持って行って運動して迄もお願いしたものである。そのような緊張ぶりであったから盆前頃より毎晩囃子の猛練習を行い、いよいよ入山となればここを晴れと真剣、実に文字通りの真剣で演奏したものである。（略）囃子の主役は笛で、笛を聞いて三味を合せ、絃がしっかり合った処で演奏を始めた(41)。

つまり、祭りの期間中、貞子はともかく、清賢はヤマにつききりで全精力をおやま囃子に注ぎ込んでいたと思われるのである（勿論、時には御接待の舞台に立ったことがあるかも知れないが）。何より、囃子の主導権は笛が握っていた。そして、「清賢が笛をもってヤマの囃子に参加すると、囃子だけではなく、ヤマについていた若者まで精気があふれ、競いあいは勝った」と言われている(42)。本領をさておいて御接待の演奏に大きなエネルギーをさくことはなかったのではないか。

疑問点の二つ目は、歌と笛の旋律との関係である。おやま囃子では興味深いことに、笛の旋律は本来の歌のメロディーとは異なるのである。現在、桟敷舞台の伝統を唯一継いでいると思われるのは立町の仮設舞台であるが、ここでの「おばこ」「甚句」「おやまこ」「おいとこ」等は必ず歌（この地方では地方《じかた》と呼ぶ）がつく。祭りの場を離れた手踊りの演舞も地方がつくのが普通だ。通常であれば伴奏者は歌い手がうたいやすいようにその旋律を奏し、大概の場合、笛は歌の旋律を奏すものだが、おやま囃子ではそうなっていない。それは、囃子が桟敷舞台の歌の旋律から離れ、自由に演奏する中で生じた変化、つまり歌のない、ヤマでの演奏の中で笛の旋律が大きく変化し、それを桟敷舞台でも演奏するようになったからではないか、と思うのである。

では、佐藤清賢はいかなる状況で「おばこ節」を大きく変えたのだろうか。

角館町の下新町の町内祭典記録は明治十六年の分から保存されており、ヤマのことに関しては翌年から書かれている(43)。この年に「拍子方賄料」として五十銭の支出があり、それは囃子方へのわずかな謝礼と食費だったと見られている（全体の経費は三十四円五十銭。人形代は七円）。明治三十五年頃からは総経費百二十五円のうち、「拍子方　四円五十銭」という記録が十年ほど続き、その時の囃子方は「神代東前郷　佐藤清賢組」だという。「角館のお祭り山」年別一覧表（『角館祭りのやま行事報告書』所収）を見ると、明治三十五年に出たヤマは五つで、担ぎ山は岩瀬町と下新町、曳き山は上新町・中町・西勝楽。佐藤清賢が乗っていた下新町は高さ十数メートルの飾り山で、数十人の担ぎ手が交替交替でかついでまわるヤマだった。これには囃子方が乗り、担ぎ手たちを鼓舞するためにも囃子は必要不可欠なものだった。

問題は、これに踊り子たちが乗っていたかどうかということである。昭和五年四月、日本青年館で開催された「第五回郷土舞踊と民謡の会」に秋田県を代表して角館のおやま囃子が出演したが、それを記録した『日本民俗芸術大観　第一輯』（郷土研究社、昭和七年）の口絵にカラーで「角館町飾山古図」が載っている。これには飾り山に十人近い囃子方がおり、その前の舞台に立つ青い着物に白布で頭を包んだ五人の踊り子の姿が描かれている。だが、これは担ぎ山の実際の様子を正しく描写したものだったろうか。

というのは、一方で、「お山に踊が乗ったようなことをいうものもあるがそれは全くの誤りで、踊囃子は桟敷に限ったもの、お山には塩を振った位の緊張さで演奏をした」という証言があるからである(44)。

小玉暁村は別稿でも、「古代の飾山は只進行のための囃子だけで踊りがなかった。踊りというものはセッタイと称する人家の庇《ひさし》の上に設けた桟敷の上で囃子づきで踊ったものである」。そして、「近頃車やまとなってから囃方も踊も飾山に乗るようになった」と記している(45)。

飾り山の高さは七丈余、重さは百貫以上の豪華なもの。だが、七、八十人の担ぎ手たちが担いで進む様は、決して威勢よいものではなく、地面すれすれに引きずるようだったといわれる。踊り子たちを乗せる余裕などなかったというのが本当ではなかったろうか。「角館町飾山古図」の作者は、角館町の絵師・鈴木默仙であると暁村は指摘している(45に同じ)。默仙は明治二十六年生まれで、昭和五年当時は三十七歳。この絵には默仙の想像がかなり入っていると思われる。

さて、佐藤清賢が囃子方として乗っていた下新町のヤマは、明治三十九年に曳き山になる。飾り山の高さは低くなり、車がつき、踊り子たちも乗るようになり、奉納の踊りのほか、桟敷で踊っていた余興の踊りも踊られていく。

「おばこ節」の旋律の変化は、この祭りのただ中で起こったのではないだろうか。

当時は、「囃子は、山と山と出合うては山と山と試合い、桟敷の前に山を休めては桟敷と試合った。そして圧されて調子の狂うた方が負けということであったから、自然強い演奏が行われ、ついに力の芸術となって遺存し、笛も太鼓も力の限りをこめ、三味線など撥皮を打ってひくという特殊相を現わすに至った」(46)という状態の続いていた時代である。

佐藤清賢は車のついた新しい曳き山に乗り、踊り子たちも同じ山に乗るという新鮮な環境のもと、行き合った相手の山と、余興の「おばこ節」でも相手を圧倒しようと勝負に挑み、その中で、清賢の笛は何時しか自分でも思いがけない会心の旋律になっていたのではないか。心の高まりがなさしめた躍動的で起伏ある旋律。そして、ある時、ひらめいたのだろう、「これを貞子にうたわせてみたらどうか」と。

これは一つの可能性であり、実際のところは清賢にしかわからないことである。だが、歌詞の内容とは不似合いなほど勢いのあるエネルギッシュな旋律は、そうやってできたと考えると、辻褄が合うのではないか。

ともあれ、「おばこ節」は劇的な変化を遂げ、貞子のうたう新しいおばこ節はたちまち大評判となった。

八　「秋田おばこ」のレコード化

この歌は斬新で、時代の感覚にも合っていたのだろう。やがて佐藤貞子のおばこ節はレコードになるのだが、これに関して、いくつか問題がある。まず、その一つ目は、貞子の最初のレコード吹込みは、何時のことだったろうかということである。

小玉暁村は、「（おばこ節は）大正四年には佐藤貞子のレコード吹込みがあり、爾来江湖《じらいこうこ》に膾炙《かいしゃ》され、今では国際的の民謡とまで称賛されるようになった」と昭和七年に記しているが(47)、日本民謡協会編『日本民謡協会史』（昭和五十五年初版発行）の「第２章　現代民謡のあけぼの」「三、レコードの出現と俗謡の普及」では、こう記されている。

明治四十三年（一九一〇）

日本で初めてのレコード会社、日本蓄音器協会（ニッポノフォン）が創立され、この頃にはレコードも蝋管《ろうかん》式から平円盤（現在の七八回転ＳＰ）と呼ばれるものに進歩しており、平円盤にトップを切って吹き込まれた曲が、〝秋田おばこ節〟であった。希望者頒布の少数製作品であったが、未だ知らない地方民謡の紹介される場がレコード盤を通して始まった。

明治四十四年（一九一一）

ニッポノフォンレコードでは特殊盤の秋田おばこ節に続いて、今度は一般市販の商品レコードに、当時、東京でようやく知られるようになった新潟の〝越後盆踊〟を吹き込んで市販した。

竹内勉は『恋の歌垣　ヨサコイ・おばこ節』で、こうした情報の出典たる山口亀之助『レコード文化発達史』（録音文献協会、昭和十一年）から関係個所を抜き出して紹介している。

明治四十三年（一九一〇）頃、ニッポノホンが、秋田の「おばこ節」を其の土地の人々のすすめで、希望者に頒《わか》つ少数を製作したのが、俚謡（現在の民謡）録音の皮切りで（以下略）

竹内氏は、「このレコードの歌い手は佐藤貞子（二十四歳）と考えてよいのだろう。もしもそうならば、「地元の人々」とは、角館の桟敷での娘手踊りを支えてきた人々と考えればよいであろう」と続けている。日本初の、地方民謡のレコード化第一号が「秋田おばこ」だったとしたら実に喜ばしいことだが、地元にいる者として、にわかには信じがたいことである。

まず、地元ではそういったことは一切語り伝えられていない。勿論、明治四十三年のレコードの現物も残されていない。また、秋田人の気質に新しもの好きの一面があるとはいえ角館の分限者たちがそこまで新奇を押し通したとは思えないし、当時の芸人の社会的地位からして彼らが大いに貞子に肩入れしたとも思えない。

これは「秋田おばこ」ではなく、別の「おばこ節」だったのではないだろうか。その可能性が一番あるのは、山形県の「庄内おばこ」である。

「山形新聞」明治四十三年八月十三日付け第四面には、「蓄音器並に音譜大販売元　日本蓄音器商会」の広告が掲載されている。音譜とはレコードのこと。「八月売出し最新音譜」として、詩吟（白虎隊ほか）・薩摩琵琶（屋島の誉）・筑前琵琶（石童丸ほか）・新曲尺八（越後獅子）・宗教（真宗正信偈）、以下、唱歌・浪花節・新内・義太夫と続き、「孰《いず》れも音声

耐久力舶来品以上　音譜一枚一円以上」。また、ラッパをつけた蓄音器の絵の下には「正価金二十五円」とある。「当地特約店　山形市七日町　飯野屋洋物店」の名もある。

同じ「山形新聞」明治四十三年十月十二日付け第四面には、二か月前の二倍近いスペースで「日本蓄音器商会」の広告が出ている。「毎月新しき音譜と其土地に流行の歌曲をすぐに拵えてさしあげますから何卒御注文を願います」。

庄内地方の、おそらく酒田のお大尽たちは、これに飛びついたのではないだろうか。北前船寄港地として交易で財をなした酒田の旦那衆は、芸妓の歌い踊る土地の名物「おばこ節」をレコードにして仲間うちで愛玩した。ありそうなことと思える。

東京の日本蓄音器商会は、東北の山形も秋田も十分理解せず「おばこ節」の名のみ覚えていて、やがて大正時代の半ば以降に佐藤貞子の「秋田おばこ」が一挙に有名になったので、てっきり秋田だと思い込んで話したのを、山口亀之助が調査せずそのまま書いてしまったというのが実態ではなかったろうか。

これは小玉暁村が記しているごとく、大正四年にレコード会社から依頼があって吹き込まれたというのが正しいであろう。

もう一つの問題は、貞子の「秋田おばこ」のレコードの売れた枚数である。

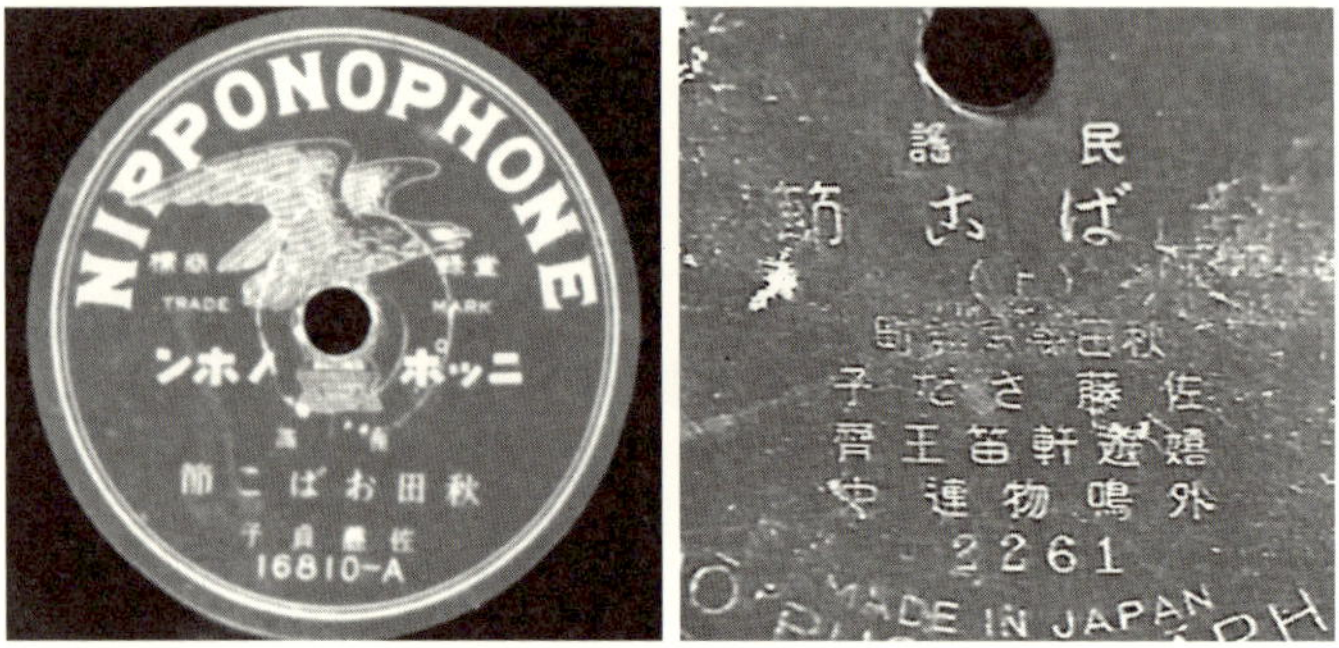

佐藤貞子の「秋田おばこ」のレコード（右、笛王斎の名が）

たとえば、読売新聞秋田支局編『民謡の里　―オラが秋田の唄が聞こえる』（無明舎出版、一九七九年）には、こう書かれている。

民謡と言えば「江差追分」と「安来節」ぐらいしか全国に知られていなかった当時、日本一となった貞子が、一座を組んで全国を巡演するうちに、A面に「秋田おばこ」、B面に「秋田甚句」を吹き込んだワシ印のレコードが、六十万枚も売れたのである。手回しの蓄音機が、ようやく出回り始めた大正年間の話だ。いまならば、ミリオンセラー以上の爆発的なヒットだった。

秋田県が出していた広報誌「あきた（通巻八十七号）」（一九六九年八月発行）の「碑の周辺」には以下の記述。

この「秋田おばこ」は、大正九年に大阪の《鷲印》で貞子によってレコードに吹き込まれた。これが大人気で売切れになると、東京でも《つばめ印》と《ニッポンのホン印》が競って吹込み、のち両社の合併で《コロムビア》となって、ますます全国に普及していった。昭和の初めまでにかけ、その数は六十万枚というヒット盤だった。

貞子の「秋田おばこ」が全国的に評判を呼んだのは確かであるが、この六十万枚という数である。果たしてどれだけの信憑性があるのだろうか。というのは、昭和八（一九三三）年の夏、大都市東京が熱狂的な踊りの渦と化し、日本各地の盆踊りもそれ一色となった「東京音頭」のレコード売り上げは、約百二十万枚だったというのである(48)。レコード会社（ビクター）が総力をあげ、各地の販売店も巻き込んで仕掛けた昭和一ケタ時代の最大のヒット作でその数である。

「秋田魁新報」にレコード会社の広告で佐藤貞子の「秋田おばこ」の名前が出てくるのは、昭和六年七月の時だけである。七月二日付けに「愉快な夏は　コロムビアレコードから！」のキャッチコピーでかなり大きな枠をとり、右半分は「時代の尖端をゆく」として独唱・ジャズソング・歌謡曲・新小唄・童謡の五枚、左側に「地方色濃かな」として「俚謡」の曲名。

俚謡　秋田おばこ節・秋田甚句　　佐藤貞子
同　津軽小原節　　木田きよ・廣船年江
同　じょんがら節　　函青くに子
同　松前追分　　錦織美佐子

日本コロムビア蓄音器株式会社は貞子人気を当て込んだのだろう、七月五日・十日・十五日と同じ広告を「魁」に出している。しかし、思ったほどの売れ行きではなかったのではなかろうか、以後、広告に貞子の名が出ることはない。

仙北地方出身の民謡研究者・佐々木由治郎は、『里の唄声』（鬼川敬三発行、平成元年）の「秋田おばこ」の項で、「当時の芸能の中では、民謡といえば、『安来節』位しか知られていなかった時代で、（佐藤貞子が）四十数名の一座を率いて全国巡行を試みたのは、大変な出来事だった。然しそれが成功して秋田おばこの名が多くの人に知られる様になり、当時吹き込んだレコードが七万枚も売れたといわれている」と記している。

この数とて伝聞の域を出ないが、六十万枚よりははるかに実数に近いと思われる。

平和博協賛「全国芸能競演大会」

貞子の「秋田おばこ」に関して、もう一つ大きな問題がある。大正十一（一九二二）年に東京で開かれた平和大博覧会の協賛行事の全国芸能競演大会に秋田県代表で出場し、「秋田おばこ」の歌で見事全国第一位になったとされる件である。

これは貞子について書かれた文献には必ず触れられている事象である。田沢湖町教育委員会編『この道に生きる』（平成十年発行）では、「この大会は、時の摂政殿下もご覧になる名誉あるもので、全国各県から選ばれた一流の芸人が技を競う大変レベルの高い大会でした。幼い時から父・清賢のきびしい指導のもとに鍛えた貞子の唄と踊りは、すでに完成の段階に達しており、全国から選ばれた名人たちに比べても決してひけをとるものではありませんでした。特に、審査員をうならせたのは、「秋田おばこ」の高いところの節を、表の声で軽々と唄いあげていくことでした。（略）審査の結果、並いる強豪を退けて貞子と清賢の「秋田おばこ」が、全国第一位の栄冠に輝いたのです」と記されている。

「平和記念博覧会」とは、第一次世界大戦の終結を記念し、今後は平和な産業立国をめざそうと、東京府の主催で大正十一年三月十日から七月三十一日まで上野公園と不忍池を会場として開催された大規模な博覧会で、のべ一千万人の人出があったという。

この中に、協賛会が十三万円を投じ、帝劇を真似て建てた「演芸館」があった。屋根は蒲鉾形、場内は淡桃色に壁を塗り、天井には五色の彩雲が描かれ、皇族席や貴賓席も設けられていた。開期中は歌舞伎役者や各地の芸妓の手踊り、宝塚少女歌劇、バレエ、手品、音曲など出し物が替わった。開演は午前九時から十一時まで、午後は二時から四時まで、時に夜間上演もあった。入場料は大人普通一円、特別二円、小児半額(49)。

ここで行なわれた「全国芸能競演大会」とは、どのようなものだったのか。

二〇一〇年、筆者らは佐藤貞子没後六十年にあたって、仙北市伝統文化活性化委員会を組織して記念事業(貞子に関するシンポジウム、佐藤貞子の祭典、調査研究報告書の刊行)に取り組んだが、その際、当時の新聞はどのように報じていたかを調査した。

秋田県の地方紙「秋田魁新報」は、しばしば平和博のことを取り上げていた。始まる一か月前には社説で、「平和博は本県の産業発展の参考にすべき好機である。が、東都は昨秋以来不景気で、今回の目的のひとつが景気の持ち直しにあることは言うまでもない。上京する者は観光的気分を脱せよ。いたずらに都会人の鳴り物に浮かれて財布の口を緩くすることなかれ」と説く(二月十六日付)。始まって一か月、四月十二日には「秋田美人の平和博出演は目鼻もつかぬ」という見出しで、〝平和博の演芸館では全国の名物を代わる代わる出演せしめようと各府県を通じて出演の交渉中であり、京都の都踊り・新潟のオケサ・盛岡の金山踊り・仙台のさんさ時雨等は決定したらしいが、秋田音頭は美しいのを大小ひと揃いで五千円でという触れ込みだったが、川端へは未だ正式な交渉がない〟という内容である。

四月二十三日には「影の薄い平博の「秋田」棚が狭い上に陳列の不味さよ　飛行機「秋田号」のみ異彩を放つ」の見出しの記事。「今度の平和博覧会における秋田県の出品陳列ぶりを見て「何だ、これが秋田県か！」と思わず口走る人士が多いので陳列棚に控えている看守などは恥ずかしがっている」とし、工芸館の川連塗り・春慶塗り・絹織物・金銀細工・樺細工、食糧館の酒・菓子等を列挙。そして「(これでは) あまりに貧弱なので、考え出したのは秋田芸者の踊りだが、これも一行五十名くらい要するし、演芸館でやるとして花形は二十四五人がちょうどよく、しかも五分か十分で終わる秋田音頭一点張りでは駄目で、何か新作をやらねばならぬし、かたがたこれに要する金を出すものが無い」とする。

五月十四日には都新聞記者・若松太平洞（大正九年二月まで秋田魁新報記者）の寄稿文「お初めで上京する人へ　ちょっとご注意まで」が載る。平和博覧会見物で上京する人たちへ市内の宿・交通手段・博覧会の場内案内等、いくつも助言しており、最後の方に記す。「演芸館は一度は土産に見て置くもよいが、場内の興行物は高い割にロクなものはないから見なくても遺憾とするに足らない」

六月一日には民俗研究者・奈良環之助（秋田市在住）の見聞記「平和博の印象」が掲載。平和博の衛生館、北海道館を始めとする樺太・満蒙・朝鮮・台湾の各館、交通館、種々の住宅が立ち並ぶ文化村等々の感想を記述。朝鮮館の二階で、毎日詰めかけているという若松太平洞に偶然出会い、会場内の食物や余興の話を聞いた。が、余興館の前に行くと誘惑に負けて「太平洞さんの忠言に背いて、片っ端から見ました。さてさて、どれもこれも、矢っ張りつまらぬものばかりでした。日本アルプス館には多少期待をもって入った所、登山道具の陳列だけで、美しい山岳写真は実に寥々たるものでした。（略）木曽踊と伊那踊はローカルなものですが、サイサイ踊程の野趣がないものでした。演芸館や万国街あたりの綺麗な舞踊よりも、南洋館の土人踊の方が（略）却って面白かった様です」。

（引用者注　「サイサイ踊り」とは、秋田・仙北地方の民謡手踊りの総称を言い、貞子らが有名にした。「秋田甚句」のはやし言葉「キッタカサイサイ」のサイサイが印象的で、秋田市など他地域の人々から「サイサイ踊り」と呼ばれた）

こうして、最後まで貞子のことは出て来ない。平和博協賛の「全国芸能競演大会」で秋田県人が第一位になったというのなら、歴史的な快挙として魁新報は大々的に報じておかしくない筈なのに、全く記事として出て来ないのである。

東京の国立国会図書館には仙北市伝統文化活性化委員会のメンバー三人で行き、手分けをして全国紙と東京の地方紙、計七紙に目を通した。その中で、唯一、演芸館の出し物を詳しく報道していたのが「萬朝報《よろず》」の五月十四日付け「平和博覧会の演芸館新出場　各地方の粋を蒐めて」で、そこに注目すべき箇所があった。

『平和記念東京博覧会』は、世界各国中、戦後始めての博覧会であり、平和を表徴するに於て、最も意義ある記念である、従って世界各国の視線を始め、其処に科学の進歩あり、芸術の粋があり、平和の泉は滾々《こんこん》として絶ゆる時がないが、今度更に協賛会の努力に依って一段の精彩を放つ事となった。

即ち、協賛会主催の演芸館に於ては、帝劇歌舞伎、市村其の他各座の青年人気俳優を集め、芸術の極致を紹介すると同時に、新橋、烏森、柳橋、赤坂葭町（略）等、十五区の芸者連は全く出演する事となり、其の優雅な手振り、楚々とした舞姿は、如何に多く

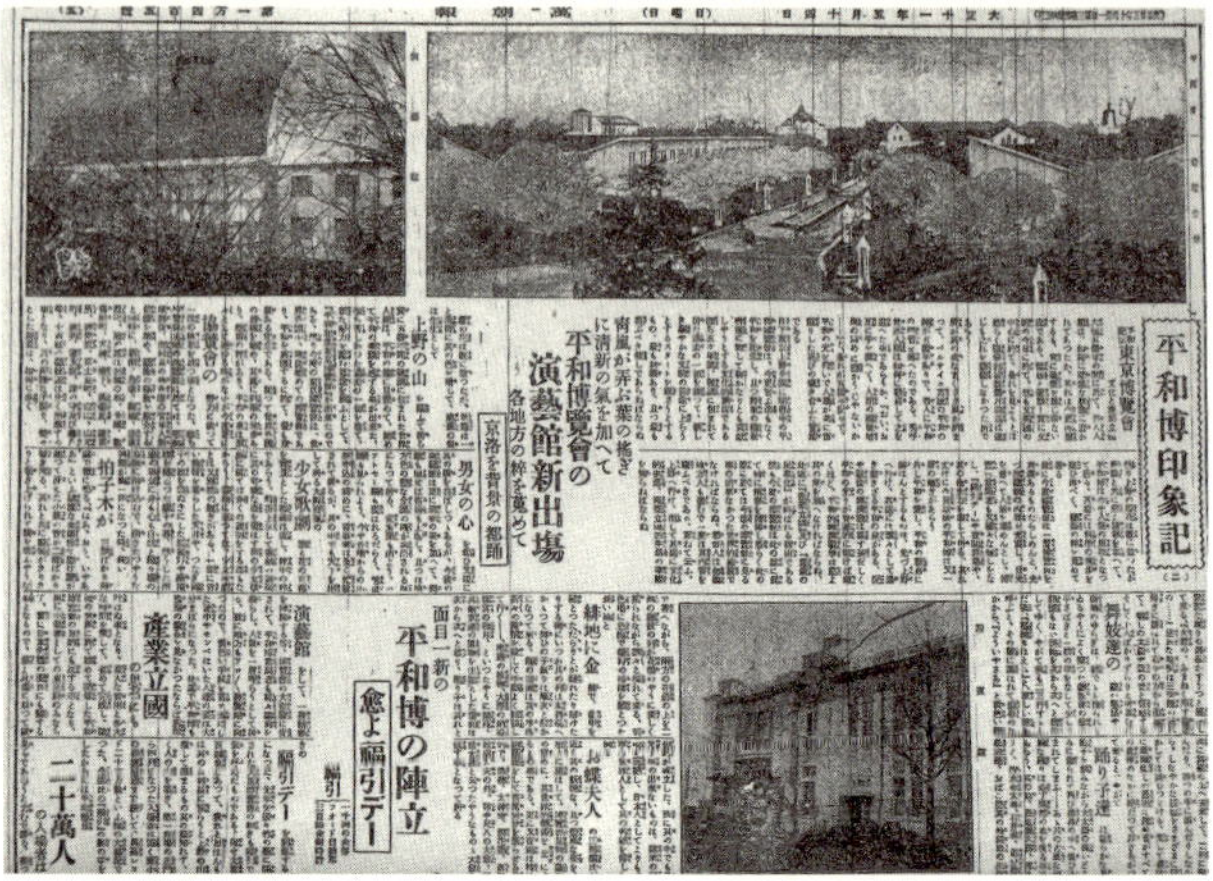
平和博印象記（二）
平和博覧會の
演藝館新出場
各地方の粋を集めて
京洛を背景の都踊
男女の心
平和博の陣立
愈よ福引デー
産業立國
二十萬人

平和博の演芸館に「おばこ節」出演予定を報じる「萬朝報」

男女の心を奪い、又現に其の眼を喜ばしつつあるが、今後の演芸館は更に清新の気を加えて、舞踏も催せば奇術も上場《のぼ》し、且つは地方色の豊な全国の踊が演出される事になって居る。

安来節も出よう、ハットセー踊も現われるだろう、越後踊も見られよう、今や各地からの出演申込の為めに、当事者は全く忙殺されて居るが、其の中でも天下を圧して居る大阪宝塚の少女歌劇団と花の京都を背景とした都踊は蓋《けだ》し粋中の粋であろう。（略）

其の他、松旭斎天勝、沢モリノ、清水金太郎、石井漠、追分節、松前踊、おばこ節其の他無数の出演契約が成立した（傍線引用者）。

「おばこ節」とは、佐藤貞子の「秋田おばこ」であることに間違いあるまい。演芸館に貞子は確かに出演していたのである。

ただ、「萬朝報」はその後も演芸館の情報を載せている（例えば七月十五日付けには「新潟芸者の乗り込み」という写真付きの短い記事、同十九日には「二十五日上京の伊勢古市芸妓　平博へ出る大小三十人」）のだが、「全国芸能競演大会」開催という文字は全く出て来ない。

また、東京府編『平和記念東京博覧会事務報告　下巻』（大正十三年発行）の「第二十六章　事業」の「第二節　余興」の「一、演芸館」には、期間中の出演者と上演物の一覧が出ている。これには佐藤貞子の名前が出ていない。「全国芸能競演大会」の文字もなく、この大会が実施された形跡はない。

ちなみに東京以外の主な出演者を見ると、北海道アイヌ連・台湾芸妓連の「熊祭・唱歌奏楽」が五月十六～十八日（昼間）、出雲いと、ろく一行の「安来節」が五月十五～二十五日（夜間）、京都府下紀伊郡下鳥羽村有志連の「早稲六斉おどり」が七月一～七日（夜間）、小川豊太夫一行の「越中名物小原踊」が七月八～十日（夜間）、北海道札幌芸妓連の「追分節・三下り踊・尺八連管」が七月十一～十四日（昼間と夜間）、新潟芸妓連の「おけさ踊・追分踊・

盆踊」が七月十五～二十一日（昼間と夜間）、伊勢古市町芸妓連の「伊勢おんど・四季の詠」が七月二十六～三十日（昼間と夜間）という具合である。

ただし、この一覧がどれだけ正確かという点では疑問もある。「萬朝報」は七月二十～二十一日の夜間は牧野錦光一派の「琵琶会」と報じている（七月十九日付け）が、同報告書では二十日は新潟芸妓連、二十一日は北海道札幌芸妓連とある。後者は七月十四日で出演が終わっており、とっくに帰郷していたのではないだろうか。「魁新報」や「萬朝報」に出演契約が結ばれたとして名前の出ていた芸能も相当抜け落ちている。

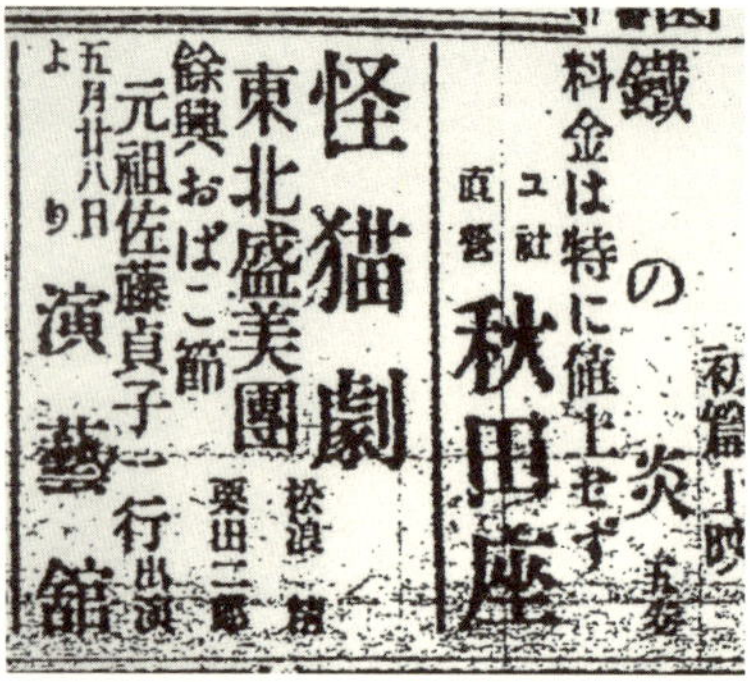

秋田市の劇場に貞子、初めての進出
（大正11年5月27日の新聞広告）

佐藤貞子一座は人数も少なく、余興の団体としての出演であり、それらは省かれたのではないだろうか(50)。

それにしても、全国の芸能団体が一堂に会しての「全国芸能競演大会」が開催されていなかったことは確かである。

ただ、貞子らの芸が他の芸妓連と比較し、野趣に富みながら芸能としても高水準で一際異彩を放ち、かつ、マイクのない時代に貞子の声量あるダイナミックな歌が観客のを心をとらえたであろうことは容易に想像できる。関係者から「あなたがたのが一番よかった」と言われたのを拡大解釈して「全国一位」と喧伝するようになったのではあるまいか。

清賢は東京府知事・宇佐美勝雄から「嬉遊軒笛王斎叶山」の称号を贈られている。

＊

平和博での高評価も自信になり、貞子一座はやがて全国巡業の生活に踏み出していく。それには清賢の意向も大きかったと言われる。大正十二年の時点で清賢は六十五歳、当時としては相当の高齢である。貞子を前面に押し出しながら、実質は清賢が一座の芸術的指導者であったろう。が、ほどなくして巡業先の函館で脳溢血で倒れる。帰郷し、角館に嫁いだ姉娘イトの家でしばらく療養し、昭和三（一九二八）年十二月に亡くなる。享年七十歳。

貞子は何度か「秋田おばこ」のレコード吹込みをしているが、初期の頃のは清賢の横笛が伴奏に入っている。のちに「民謡王国秋田」の立役者の一人になり秋田民謡の発展に多大な貢献をした浅野梅若は若い頃、清賢の流麗な笛に魅せられ、レコードが擦り切れるほど聴いて、そこから秋田三味線の奏法を生み出していったという(51)。

九 「秋田おばこ」批判の流れから

「秋田おばこ」は、全国的に有名になった初めての秋田民謡であると共に、秋田県民が知った初めての秋田民謡でもあった。それまでは追分など全国的に人気の民謡、あるいは限られたその地域でのみ歌われてきた民謡のみで、「これが秋田の歌だ」といえるものがなかったのである（「秋田音頭」を別にする）。貞子の「おばこ節」は一大ブームとなり、県内で広く歌われるようになっていった。

だが、一方で、貞子一座のおばこ節の歌・踊りに対し、批判的な面々もあった。

「角館時報」の大正十三年十月五日付けには、「お祭りの夜を」と題して、久しぶりに東京から帰郷したらしい半圃生なる人物が、角館祭りについて書いている。その中に、〝我が名物の仙北踊りは角館方面でなくては味われぬ情緒があるが、評判の貞子一座のおばこ節は芸人じみてしまい、また、娘たちはまるっきり芸者流れした踊りになっていて、全くおばこ節の値打ちや生命を失ったものになっている〟と記している。

その極め付けが昭和六年十一月三・五日に「秋田魁新報」に掲載された寺田啄味「レコードに表われたる「秋田おばこ」に就いて」である。長文の論稿なので、以下、要約す。

〝秋田在来の郷土民謡といえば、数多ある中にも全国的、世界的に有名なのは何といっても仙北発祥の「おばこ節」である。この歌がもてはやされるようになったのは、ラジオや蓄音機が我われの日常生活に普及されてからである。しかるに、このラジオやレコードに表われている「秋田おばこ」には、ローカルカラーといったものが少しも表われていない。民謡の郷土性を認識しえず、大衆生活というものを把握し得ない者が吹き込んでいるため、この歌のもつ内容が滅茶苦茶になり、歌詞は標準語化され、その上、自己勝手な囃し言葉が入り、商品化・興行化してうたわれている（その歌い手の氏名は言うまでもない）。

本来、この歌はレコードに表われているようなアメリカ直輸入式のジャズ気分の横溢しているものではない。

民謡の歌詞は本詞と囃し言葉から成っているが、たいがいローカルカラー（すわち郷土性）を表わす上ではこの囃し言葉が決定的な役割を負っているものだ。「おばこ節」

に関していえば、もとのおばこ節の本詞はそのままで完全にローカルカラーを表わしており、わざわざ囃し言葉にその役割を持たす必要がない。にも拘わらず、レコードの「秋田おばこ」には「オエサカサッサド、オバコダ、オバコダ」と勝手に創作した出鱈目な囃し言葉が入り、しかも急速なテンポで歌っているため、この歌のローカルカラーが全く消え失せている。

「秋田おばこ」はもとの歌の本質をそのままうたうだけで輝く民謡である。しからば誰が歌うことによって「秋田おばこ」のローカルカラーが完全に表わされ、かつ芸術的なものとなろうか。

私たちが白岩岳の裾の白岩あたりを歩いている時、角館の古城山をめぐる鰍瀬川のほとりを行く時、玉川の瀬音を聞きながら雲然《くもしかり》の小山をよじる時、そこに吹くそよ風に働きながら、「おばこ何処さ行く」と朗らかに口ずさむ娘たちの姿を見るであろう。これらの人たちである。土の生活者たるこれらの人たちにして初めて心から歌うことができるのである。然る時、はじめて我が「秋田おばこ」の真価を全国的、世界的に高め得ることができると信ずる〟

寺田啄味が小玉暁村の筆名であることはすでに述べた。暁村は翌年三月六日付け「秋田魁新報」に掲載の「花の芸術　仙北特有の謡と踊の断面（上）」の「おばこ節」の解説で、上記と同様のことを述べている。

「2　おばこ節」　私は大正二年の春、紙上紹介をしたが、大正四年には佐藤貞子のレコード吹込みがあり、爾来、江湖に膾炙され、今では国際的の民謡とまで称賛されるに至った。しかし仙北固有の真のおばこ節の節調は未だ世間に発表されていない。レコードとなっているこれまでの節調は、皆うわ調子で、ジャズ気分で、仙北という地方色、即ち幽遠な山間の情味といったものを失っている。古来の唄は今少し率直でしかも重い。伴奏も三味線だけで、一座手拍子合唱というところに特色があるのである。

暁村が古来の「おばこ節」に心底惚れこんでいたことは、大正二年に楽天生の名で魁紙に発表した「民謡仙北おばこ」からも察せられる。冬の一夜、仙北地方のある村で聴いたおばこ節――若々しい女声が歌い始めると、一斉に皆が手拍子で歌い出したその歌は、ある時は急な調べに、ある時は緩やかになり、絶えては続き、続いては絶え、それを聴いて

仙北歌踊団一行（後列中央、暁村）

いる暁村は胸の奥の弦に触れられ恍惚となり、「我輩はすべて有る人間の怨恨、罪悪、劣情が洗い去られて絶体無限、澄みに澄んだ聖い神と化した」ようであった。

この生涯忘れ得ぬ得難い感動こそが、暁村を民謡研究の道に駆り立てたのであり、それだけに貞子の「秋田おばこ」には強烈な違和感を覚えたのだろう。

昭和七（一九三二）年十二月、秋田県の呼びかけに応えて暁村はただちに「仙北《せんぼく》歌踊団《かようだん》」を結成し、その主宰者として郷土芸術振興の事業に全力を注いでいくのだが、その動機の一つには間違いなく貞子のおばこ節への批判があった。同時に、民謡が商業化と結びつくことで大事なものが失われていくことへの危機感もあった。

仙北歌踊団の野外公演

この土地の謡い手が、たまに都会に招かれてレコードとされ、またマイクロホンにいれられる場合、カンを高めて、テンポをはやめてと促がされて本の調子をブチこわされてしまうことを残念がるを聞くが、都会としては都会そのもののリズムにそうべく成るべくジャズ気分にとおもうは無理からぬことであるが、仙北の郷土民としては堪えられぬ痛恨であるべきである。

たとえば、おばこ節といい、ひでこ（牛尾菜）ぶしといい、生保内ぶしといい、荷方節といい、ことごとくが山の深い静寂を思わせ、草山の澄んだ朝の空気をしのばせる、ほがらかな、すがすがしい、ゆるやかで朗らかなメロデーは、真に仙北特有のリズムで郷民の心、動作そのままの旋律であるのである[52]。

この仙北固有の情味をもった生活感ある民謡を蘇らせ、人々に広めることが、仙北歌踊

黒沢三一

団の大きな目的であった。

だが、「近時、郷土研究の流行につれて、古民謡の復活熱が起り、時々ラジオに放送されたり、都会に出演したりするのは喜ばしい事だ」が、「現に流行をはなれた骨董的な存在は、正に生命のない形骸に過ぎない」とも暁村は考えていた(53)。多くの人に愛される歌にするために、暁村はオルガンを用いながら一定の編曲を行ない、仙北歌踊団の名歌手・黒沢三一《さんいち》に仙北民謡を歌わせた。舞台・ラジオ・レコードで、「生保内節」「長者の山」「ひでこ節」「飴売り節」「姉こもさ」「タント節」「馬方節」等々が世に送り出された（後に有名になった「ドンパン節」もこれに加えられようか）。

明るく、歌いやすく、美しい旋律のそれらの曲はやがて県内はもちろん、全国各地で歌われるようになる。加えて貞子の「秋田おばこ」「秋田甚句」もあり、〝民謡の宝庫・仙北〟の評価は決定的になった。これほど全国的に著名な歌を何曲も持っている地域は、全国を探してもほかにはない。こうして秋田民謡は仙北から始まったのである。

さて、暁村が当初もくろんでいた貞子流ではない「おばこ節」の普及は、どうなったのか。仙北歌踊団で黒沢三一が昔のおばこ節をうたったであろうことは、昭和十六年五月の「東北民謡視聴団」来秋の際に、古風な「おばこ節」をもとにした三一の演唱が録音されていることからも想像されるが、しかし仙北を席巻した貞子の「秋田おばこ」は盤石であり、歯が立たなかったのではないか。暁村は仙北歌踊団が発足して一年余り後に、「秋田代表民謡おばこ」を雑誌「郷土芸術3巻7号」（昭和九年七月号）に発表し、その中で記している。

（おばこ節は）明治の頃までは仙北郡の北部（もと北浦と称した）だけに謡われた唄に過ぎなかった。それが世間に拡まったのはおもに大正四年に佐藤貞子が蓄音機に吹込んでからである。しかし此の佐藤貞子の謡い振りは伝承の節其のままではなかった。従って聞くものは貞子はおばこを破壊したと思ったものもあった。その破壊したと罵られた貞子の唄は今現在謡われている曲節で、古来の節調に比べると浮いた軽い調子のものである。しかし此の調子が不思議に現代に生きて根を張って、今では郡に溢れ県境を越えてまさに純然たる民謡そのものになりおおせた。

これは事実上の白旗宣言のように筆者には思える。

おわりに

「おばこ節」はかなり古い起源を持つ歌のようだ。町田嘉章・浅野建二編の岩波文庫『日本民謡集』の「秋田おばこ」の解説では、「恰も神楽歌の本末《もとすえ》の如く八八五反復詞型が問答体をなしているのも珍しい」と記されている。すなわち、近世調の七七七五の詞型ではなく、その詞型は古代の神楽歌を受け継ぐというのだ。

いつの頃からかこの歌は山形で盛んに歌われるようになり、幕末には江戸でも流行り、江戸を起点として各地へもたらされた。一方、秋田の仙北へは江戸経由でなく、直接、山形の庄内からもたらされた。それを伝播したのはおそらく庄内馬喰であったろう。

仙北の北部では殊のほかこの歌が好まれ、次第にこの地になじんだ歌に変化していった。その中から「秋田おばこ」が生まれるのだが、秋田民謡の近代はこの「秋田おばこ」から始まり、これを軸として発展してきたのだと改めて思う。そして、それらのエネルギーの源は、やはり人々が素朴な「おばこ節」を気に入って、手拍子を打ちながら次々即興の歌詞を生み出しては興じていた、この地方の人々の歌に満ちた生活であった。

そのもとで「おばこ節」に人生をかけた佐藤清賢・佐藤貞子・小玉暁村らが現われ、民謡の発展に多大な役割を果たした。

それにしても、「おばこ節論争」の歴史に驚く。平岡専太郎が「おばことは、古代の武人の妻・大葉子だ」という見解を出してから百年余り。この間、幾多の人々が論争に加わり、いまだもって「暁村の馬喰運搬説は信じがたい」とか「おばこは古代芸能の姥から発した言葉だ」とか、論争が尽きない。こんな民謡が、ほかにあるだろうか。かつ、他県で「おばこ節」をこんなに熱く語り合っているところがあるだろうか。

これは民謡王国・秋田ならではの、比類なき一つの文化だと思う。

＊

私自身の「秋田おばこ」との関わりをいえば、初めて歌と踊りを見たのは今から四十五年くらい前、わらび座の小公演だった。「雪がとけ、野山が緑になると娘たちは野に出て、春の喜びを踊るのです」というような司会が先にあって、絣の衣装に手拭いで頬かむりした三、四人の若い女性たちが伸びやかに清々しく踊っていた（絣の衣装は小玉暁村が仙北歌踊団で、この歌・踊りにふさわしいとして始めたものであることを近年知った）。

わらび座の「秋田おばこ」
（撮影・蔵原輝人氏）

わらび座では一年間研究生をやったが、音楽の授業で「秋田おばこ」の歌があった。旋律が覚えにくい上に気持ちを乗せるのが難しく、ひどくうたいにくい歌だと思った。歌っているうちに次第に慣れてはいったが、それでもこれを歌いこなすには余程の技量と修練と歌心を要するかなりの難曲だという思いは今も変わらない。

その後、特に心惹かれる歌というわけでもなく三十年くらいたった時、秋田県民謡緊急調査録音を聞いていると、田沢湖町に昔のおばこ節が何曲か収録されていた。おばあちゃんたちが手拍子でうたう「刺巻おばこ」や「生保内おばこ」〔楽譜一八七頁掲載〕、いかにも歌が好きでたまらないという感じで味わい深く飄々とうたう千葉兵右衛門さんの「田沢おばこ」、悲恋の歌詞をしっとりとした情感でうたう佐々木由治郎氏の「田沢おばこ」〔楽譜一八七頁掲載〕。素朴だがそれぞれに持ち味がある。そして佐々木氏の「田沢おばこ」などを口ずさんでみると、気持ちが自然に流れて素直にうたうことができ、「秋田おばこ」とは全く異なる音楽世界であった。

その後、今から五年ほど前、「小玉暁村没後七〇年記念事業」に取り組み、暁村の著作を調査していく中で一連のおばこ節関連の文章に出会った。中でも楽天生の名で発表した「民謡仙北おばこ」には感動した。大正二年とは今から百年も前。自分の生まれるはるか以前の大昔と思っていた時代が、一挙に身近になった。そして、なぜかくも暁村は「おばこ節論争」に熱心だったのか、疑問が解けたと思った。

国民文化祭での「田沢おばこ」
（仙北市「北浦　花開く大地のうた」）

二〇一四年の「国民文化祭あきた」では、仙北市事業のひとつ「佐藤貞子〜秋田おばこ物語」の祭典に関わった。第一部は女優・浅利香津代さんが貞子の生涯を朗読。第二部は「北浦　花開く大地のうた」として、貞子を生み出した仙北の地の、生活の中に豊かに息づいていた歌や踊りを地元の人々が発表する舞台だったが、その構成台本の原案を担当した。第一部で貞子の「秋田おばこ」の歌が流れるので、第二部では冒頭に近く、田植えが済んで、皆があぜ道に座り込んで次つぎ歌や踊りを出し合う場面の最初に昔の「おばこ節」を置いた。稽古のとき、小玉リサさんという高齢の方がうたう「田沢おばこ」がジーンと胸にしみいって、演出の椿康寛氏は涙が止まらなかったという。今は歌える人もわずかになってしまったが、この歌の魅力を改めて思った。

佐藤貞子の「秋田おばこ」は斬新な曲節で秋田民謡の歴史を切り開き、いまも、そしてこれからも秋田を代表する民謡である。難曲であるが故に歌い手たちは挑戦のしがいがあろうし、名手がうたうとやはり実にいい曲である。と同時にそれと対にして、昔ながらの素朴なおばこ節も長くうたい継いでいきたいものである。

この地の若い世代が、これらの歌を口ずさみ、若い感覚で発展させてくれたら、と切に願う。

注

（1）『第三期　新秋田叢書（一）』（歴史図書社、昭和五一年）。『羽陰温故誌』は同叢書の第一巻から八巻までで、「人情風俗」は第八巻である。

（2）『秋田人名大事典』（秋田魁新報社、平成一二年）、及び井上隆明『秋田のうたと音楽家』（秋田文化出版社、一九八七年）

（3）小玉暁村のこの文章の中で「略」としたのは、大正二年に「お末娘ぶしについて」の意見を発表した、という部分である。しかし、大正二年にそのような原稿が秋田魁新報に掲載された形跡はない。暁村がおばこ節の語源と伝播の経路をまとめた稿を発表したのは大正六年十月の「お末娘ぶしの話」である。

（4）小玉暁村は「郷土芸術往来」（昭和九年『秋田郷土叢話』秋田県図書館協会）の中で自身のおばこ節論考を振り返り、大正二年に、平岡説の批判とおばこ節は庄内から移入した歌だという「お末娘ぶしについて」を発表したと記している。だが、大正二年に「魁新報」に載っていたのは楽天生「民謡仙北おばこ」だけである。これは仙北の村人たちが宴の中で「おばこ節」をうたっているのを聞き感動したという内容であり、楽天生とは暁村の筆名だったことが窺われる。また、大正五年二月に「おばこの起原」を発表したとするが、その頃掲載されていたのは訥禅坊「おばこ節と辰子姫」であり、これも暁村の筆名であったことが知れる。

（5）津島留吉「郷土芸能を支えた人々」（北浦史談会「石ころ　第一三号」昭和五二年）。ただ、利右衛門の生年は文政八年、没年は明治二十六年、享年六十八となっており、ろしう生の記述とは二十年ほどの開きがある。どちらかが間違っているのか、或いは文政生まれの利右衛門は二代目利右衛門なのか、不明である。

（6）野島寿三郎編『歌舞伎人名事典』（日外アソシエーツ、二〇〇二年）、及び『日本歴史大辞典8』（河出書房、昭和四五年）、早稲田大学演劇博物館編『演劇百科大事典』（平凡社、一九六一年）。

（7）『大山町史』（昭和四四年発行）

（8）『新聞で見る鶴岡　大正昭和』（鶴岡市、昭和五九年）

（9）『秋田県史　第三巻　近世篇　下』（昭和四〇年）、『田沢湖町史』（昭和四一年）

（10）二本松歴史資料館編『世界のプリマドンナ　関屋敏子生誕百年記念特別企画展』パンフレット。関屋敏子は東京出身だが、父親は福島県二本松生まれ。関屋家は代々、二本松藩主の御典医だった。

（11）『東北民謡集・山形県』（日本放送出版協会、昭和三五年）

（12）『日本民謡大観・東北篇』（日本放送出版協会、昭和二七年）

（13）『東北民謡集・福島県』（日本放送出版協会、昭和三八年）

（14）民謡研究家・麻生正秋氏は、「魁新報」に連載の「秋田民謡　人・唄・地域　12」（二〇一六年六

月一九日付）で、富木氏の説を紹介した後、「横手市出身の民謡研究家、荒木一さんも富木の説を支持した。荒木さんはおばこ節には、馬喰独特のゆったり引き伸ばすようなリズムがないとの指摘もした。私も富木や荒木さんと同じ考えである」と記している。

(15) 小玉暁村「徳末師を惜む」（『角館時報』昭和一五年四月五日号）

(16) 津島留吉「芸には限界がねえもんでな」（『秋田・芸能伝承者昔語り』秋田文化出版、二〇〇四年）

(17) 佐藤和子さんからの聞き取りは二〇〇七年一月七日。

(18) 大條和雄『絃魂　津軽三味線』（合同出版、一九八四年）

(19) 町田佳声「奥羽地方の松坂とにかた節」（『日本民謡大観　東北篇』日本放送出版協会、昭和二七年）

(20) 『田沢湖町史』（昭和四一年）、古郡蔵之助『大蔵観音』（平成一五年、自費出版）、雫石町教委『雫石の石碑』（昭和四九年）

(21) 宮崎隆「野の即興詩人たち」（『「うた」と風土』矢立出版、一九八二年）所収

(22) 浅野建二編『日本民謡大事典』（雄山閣、昭和五八年）

(23) 久保田豊『民謡をあなたに』（東北出版企画、二〇一二年）

(24) 山形県の「おばこ節」については、『日本民謡大観　東北篇』（日本放送出版協会、昭和二七年）、『東北民謡集　山形県』（同、昭和三五年）、山形県教育委員会『山形県の民謡　―民謡緊急調査報告書』（昭

和五八年）、山形県民謡振興会『山形の民謡』（一九九二年）等を参考にした。
（25）浅野建二「東北の民謡覚書」（『日本歌謡・芸能の周辺』勉誠社、昭和五八年）
（26）秋田県教育委員会『秋田県の民謡』（秋田県文化財保護協会、昭和六三年）
（27）「青森県民謡緊急調査録音」（一九八六年一〇月一五日収録）
（28）文化庁監修『日本民俗芸能事典』（第一法規出版、昭和五一年）、『東北民謡集　福島県』（日本放送出版協会、昭和三八年）
（29）福島県主催「ふるさとの祭り２０１５in南相馬」（平成二七年一〇月三一日）に「下町子供手踊り（南相馬市）」が出演。参加団体紹介文による。
（30）『ふくしまの民俗芸能　―ふる里の誇り　ふたたび』（福島民友新聞社、二〇一五年）
（31）三上重義『絵はがきが伝える明治・大正・昭和　庄内酒田写真集』（二〇〇六年）、及び早稲田大学演劇博物館浮世絵閲覧システム。
（32）本田安次『東京都民俗芸能誌　下巻』（錦正社、昭和六〇年）
（33）『日本民謡大観　中部篇（中央高地・東海地方）』（日本放送出版協会、昭和三五年）
（34）文化庁監修『日本民俗芸能事典』（第一法規出版、昭和五一年）
（35）『岐阜県の民俗芸能　―岐阜県民俗芸能緊急調査報告書』（岐阜県教育委員会、平成一一年）

（36）『とやまの獅子舞』（富山県教育委員会、平成一八年）とユーチューブ「上百瀬の獅子舞」
（37）『日本民謡大観　東北篇』（日本放送出版協会、昭和二七年）
（38）小玉暁村「『日本民俗芸術大観』第一輯に出た角館飾山囃子（二）」（秋田魁新報、昭和七年十一月三日付け）
（39）この項の主な参考文献は、『角館祭りのやま行事報告書』（角館町教育委員会、平成一〇年）、蔦谷秋山『祇園会と飾山囃子』（平成二年）、『角館誌　第四巻』（昭和四四年）である。
（40）佐藤章一『佐藤貞子と私　—その周辺』（民謡あきた新聞社、昭和六一年）
（41）小玉暁村「飾山囃子の再認識とお願い」（「角館時報」昭和一二年三月五日付）
（42）富木友治『角館誌　第七巻　民俗芸能・民謡・民俗工芸編』（昭和四六年）
（43）富木耐一「おやま囃子の成立とその流れ」（角館町教育委員会『角館祭りのやま行事報告書、平成九年）
（44）小玉暁村「飾山囃子の再認識とお願い」（「角館時報」昭和一二年三月五日付）
（45）小玉暁村「『日本民俗芸術大観』第一輯に出た角館飾山囃子」（「秋田魁新報」昭和七年十一月三・五日）
（46）小玉暁村「飾山囃子の再認識とお願い」（「角館時報」昭和一二年三月五日付）
（47）小玉暁村「花の芸術　仙北特有の謡と踊の断面〈上〉 UK放送局に寄す」の「2　おばこ節」（秋

田魁新報、昭和七年三月六日付け）
（48）『NHK歴史への招待㉑踊り踊って東京音頭』（日本放送出版協会、昭和五七年）
（49）大木栄助編『平和記念東京博覧会写真帖』（郁文社、大正一一年五月）
（50）佐藤貞子一座の座員は当時、十名に満たなかった。同年五月二十九日付け「魁」の秋田市川反の「演芸館」の広告には、「東北盛美団　怪猫劇」の〝余興〟として「日蓄吹込者おばこ節秋田音頭　佐藤貞子他数名」と書かれている。
（51）飯田晴彦「秋田民謡・仙北芸能への期待」（『佐藤貞子没後六〇年記念事業報告集』所収、二〇一一年）
（52）小玉暁村「郷土芸術往来（仙北の歌踊）」（『秋田郷土叢話』秋田県図書館協会発行、昭和九年）
（53）暁村が中川白芳の筆名で発表した「にがた節情調　―われらの民謡よ何処へ行く」（「角館時報」昭和六年一〇月一五日号）

［資料編］

各地の「おばこ節」

（楽譜10曲）

秋田おばこ

うた　佐藤　貞子

『日本民謡大観　東北編』の秋田編「おばこ節　その4」
（日本放送出版協会）より

1　おばこ　心持ち　池の端（はた）の蓮の葉の　たまり水
　　　　少しさわる時　ころころころんで　そばに寄る

2　おばこ　どこさ行く　後ろの山の小山こさ　ほなコ折るに
　　　　ほなコ若いとて　こだしコ枕に　沢なりに

3　おばこ　なんぼになる　この年くらせば　十と七つ
　　　　十七　おばこなら　何しに花こなど　咲かねとな
　　　　咲けば実もやなる　咲かねば日かげの　色紅葉（いろもみじ）

4　おばこ　いたかやと　障子の切れ間から　ちょいと見たば
　　　　おばこ　いもやせぬ　隣の婆さま来て　糸車

生保内おばこ

秋田県仙北市田沢湖

採譜　小田島　清朗

「秋田県民謡緊急調査報告」より

田沢おばこ

秋田県仙北市田沢湖

採譜　小田島　清朗

「秋田県民謡緊急調査録音」より

東田川郡黒川村
(櫛引村編入)地方

544 庄内おばこ
（その四）

庄内おばこ（その四）

〽おばこ來るかやと
田圃の端ンづれまで　出て見たば
（コバエチャ）〳〵
おばこ來もせず
用の無い煙草賣りなど　振れて來る
（コバエチャ）〳〵
〽おばこ心持ち
池の端たの蓮の葉の　溜り水
少しさわるてと
ころ〳〵　ころりやと　そま落ちる

『東北民謡集　山形県』（日本放送出版協会）より

米沢市地方

(558) 米沢おばこ

（その一）

＊印はト(G)に近い
♩= 52 〜 60
おば　ーーこ　ナーー　さかづき　コーにも　なーらしゃんー
おば　ーーこ　ナーー　つばくら　コーにも　なーらしゃんー
〔アコリャコリャ〕
せ　ひとの　ざしきに
せ　ひとの　のきばに
すーをつくらんか　もめか　ー　とびとまらん
すーをつくらんか　もめか　ー　とびとまらん
〔ハヨネザワサッサ〕
かーーも　め　ー
かーーも　め　ー

米澤おばこ（その一）

〽おばこナ　盃コにも　ならしゃんせ
〔アー　コリャ〳〵〕
人の座敷に巣をつくらんかもめか
飛びとまらんかも(の)め　〔ハー　ヨネザワ　サッサ〕
〽おばこナ　つばくらコにも　ならしゃんせ
人の軒端に　巣をつくらんかのめか
飛びとまらんかのめ

『東北民謡集　山形県』（日本放送出版協会）より

最上郡安楽城村字大沢
(真室川町編入)地方

531 大沢おばこ
(その三)

〽おばこ　なんぼになる
　この年おくれば花の十七〔オバチャデ〳〵〕
〽十七　十八になってなぜ花コなど咲かぬ
　咲けば實もなるし日陰もみじで色つかぬ
〽おばこ　ひろた扇ひらいて見たれば
　富士の山上に松と竹
　下に鶴と龜とが舞ひ遊ぶ

『東北民謡集　山形県』(日本放送出版協会) より

直根おばこ

秋田県由利本荘市鳥海町

採譜　小田島　清朗

「秋田県民謡緊急調査録音」より

金山おばこ（お蔵入りおばこ）

福島県大沼郡金山町

採譜　小田島　清朗

「福島県民謡緊急調査録音」より

広船おばこ

青森県南津軽郡平賀町

採譜　小田島　清朗

「青森県民謡緊急調査録音」より

⑥⑧⑥ 數河獅子舞（大葉子）　飛驒国吉城郡古川町

○大葉子（オーバコ）の道行囃し歌

〽おばこ来るかよと、上の田圃の中の町《ちょう》まで出て待てばョー

〽おばこ来もせず、上の田圃の中の町でョ、ちょろけてゐたョー

〽見たこと聞いたこと話しやるな、話すと親爺《おやぢ》に叱られるョー

〽下の田圃えーの獅子が出たョ、みんな追え追え音あげてョー

『日本民謡大観　中部編（中央高地・東海地方）』（日本放送出版協会）より

あとがき

私が四十五年前から居住している仙北市は、「秋田おばこ」の発祥地である。ところが、かつては「おばこ節」に興じて事あるごとにその歌をうたい、やがて「秋田おばこ」の曲を生み出したこの地域に、現在その痕跡を見つけることは難しい。

全国的にも著名なこの歌が、ここで生まれたと認識している人は果たしてどれだけいるのだろうか。若い世代に至っては殆ど知らないのではないのか。

いま、JR大曲駅では列車が発車する際、「秋田おばこ」の曲が笛太鼓で短く流れる。大曲（大仙市）では、「秋田おばこ節全国大会」が三十年ほど前から開催されている。秋田民謡を代表するこの歌は仙北地方で生まれたということで始まった大会らしい。それは広域的な意味では間違いないし、秋田おばこの歌で地域が盛り上がるのは喜ばしいことだ。しかし、肝心の北仙北ではどうかと考えると、複雑な気分になってしまう。

それぞれの歌には来歴があり、その地の人々の歴史と文化があり、特に歌が世に出ていくには、それを押し出すだけの人々の情熱・努力の大変な積み重ねがあった筈だ。それらのことを充分考慮した上での取り上げ方なのだろうか。そして仙北市ではなぜ、この歌を含む仙北民謡をさほど押し出そうとしないのだろうか。

＊

「おばこ節論争」のことを知ったのは、五年前、「小玉暁村没後七十年記念事業」を仙北市伝統文化活性化委員会として暁村の事績を調査研究する中であった。その二年前には「佐藤貞子没後六十年記念事業」を同委員会で取り組んでおり、それらをもとに研究を進めることができた。お世話になった関係者の皆さんに、改めて謝意を表したい。

さて、これまで民謡研究の多くは、その元歌がどこでどのように生まれ、どういう状態でうたわれ、どう伝播していったかに重点が置かれていたのではないかと思う。が、現在うたわれている民謡の多くは、明治の末から大正、昭和初期に大きく変化したものである。「秋田おばこ」の歌もその中に含まれるが、曲によってその事情や経緯は異なる。

小玉暁村や、同時代、東北民謡に大きな影響をもたらした宮城の後藤桃水、岩手の武田忠一郎、青森の成田雲竹などの事績、更に民謡を生業として活躍した芸人が多数おり、その中でどう変化発展したのか等、近代における民謡の変化についての本格的研究は今後の課題だと思われる。些少ながら自分にできるところから、そのことを考えていきたい。その中に今後の芸術発展に生かしうる大きなヒントも秘められているのではないかと思う。

小田島　清朗

なお、本書では文献の引用にあたっては、現代仮名遣いとした。

■著者略歴

小田島清朗（おだしま・せいろう）
一九五〇年岩手県生まれ。岩手大学教育学部卒業。
一九七二年わらび座入座。翌年から五年間、民族芸術研究所に所属。一九九九年から再び同研究所員として、各県の民謡緊急調査録音のデータベース化や、芸能の調査・研究に従事。現在、あきた芸術村民族芸術研究所所長。日本歌謡学会理事・秋田県民俗学会理事。
編著『佐藤貞子没後60年記念事業報告集　貞子の心、ふたたび』（仙北市伝統文化活性化委員会）、『秋田県仙北地方ささら事業報告集　仙北のささら』（同）、『秋田民謡育ての親　小玉暁村』（無明舎出版）。

民謡「秋田おばこ」考

二〇一七年九月二五日　初版発行

定価（本体一五〇〇円＋税）

著　者　小田島清朗

発　行　秋田文化出版株式会社

〒〇一〇―〇九四二
秋田市川尻大川町二―八
TEL（〇一八）八六四―三三二二（代）
FAX（〇一八）八六四―三三二三

＊

ISBN978-4-87022-579-4
地方・小出版流通センター扱